Amandine Marshall

Les Hiéroglyphes en 12 leçons

N'en faites pas toute une pyramide !

Librio

Inédit

Sommaire

Le mot de l'autrice

À la mémoire de mon ami Claude Feldschuh,
un incroyable érudit, amoureux de l'Égypte et de sa langue,
une belle personne qui s'en est allée trop tôt.

L'égyptologue Auguste Mariette a écrit un jour : « Le canard égyptien [...] est un animal dangereux. Il vous accueille bénignement, mais si vous vous laissez prendre à son air innocent et que vous le pratiquez familièrement, vous êtes perdu : un coup de bec et il vous inocule son venin, et vous voilà égyptologue pour la vie[1]. »

Le jeune Boulonnais découvrait alors tout à la fois les hiéroglyphes, avec la *Grammaire* de Champollion, et la fascinante civilisation de l'Égypte antique. De fait, la richesse et l'originalité de cette civilisation, si proche et pourtant si éloignée de nous à tellement de niveaux, ne peuvent qu'exacerber notre curiosité.

L'idée de ce livre est de vous faire découvrir, le plus simplement possible (mais vous apprendrez vite qu'avec les Égyptiens rien n'est jamais simple !), la fascinante écriture des hiéroglyphes. Je vous souhaite une belle initiation !

Amandine Marshall

---

1. Gaston Maspero, « Mariette (1821-1881). Notice biographique », Auguste Mariette, *Œuvres diverses (Bibliothèque égyptologique 18)*, t. 1, Paris, Ernest Leroux, 1904, p. VI.

Petite histoire de l'écriture hiéroglyphique

L'écriture hiéroglyphique est, après le système cunéiforme mis en place dans la région de Sumer (au sud de l'Irak actuel), la seconde écriture la plus ancienne au monde. Les premiers signes furent mis au point dans une optique économique, afin de faciliter entre autres le comptage des animaux.

Au fil des millénaires, la langue égyptienne fut déclinée en quatre formes d'écriture. C'est grâce à la célèbre pierre de Rosette que le Figeacois Jean-François Champollion parvint, il y a deux siècles, à percer le mystère de la plus célèbre d'entre elles : l'écriture hiéroglyphique.

Une langue, quatre écritures

L'égyptien ancien, qui a naturellement subi beaucoup de changements durant les quatre millénaires où il fut employé, a été, au cours du temps, rédigé à l'aide de quatre écritures différentes : le hiéroglyphique, le hiératique, le démotique et le copte.

Les hiéroglyphes, par leur complexité, le temps et le soin requis pour les écrire, se prêtaient mal à la vie administrative et sociale. De fait, en même temps que l'écriture se structurait, une écriture parallèle, le hiératique, vit le jour. Simplifiée et bien plus linéaire, elle permettait de coucher sur le papyrus, en quelques coups rapides de calame (le roseau avec lequel on écrivait), les dessins servant à communiquer.

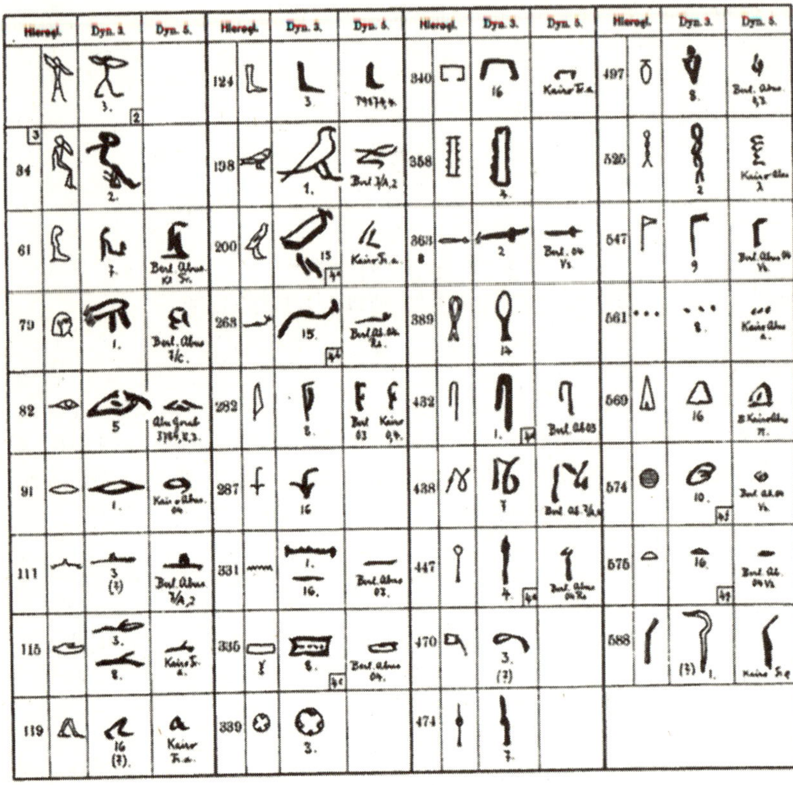

Extrait du *Hieratische Paläographie* (« Paléographie du hiératique ») de l'égyptologue Georg Möller montrant l'évolution des signes hiéroglyphiques en hiératique.

Le démotique apparaît au milieu du VIIe siècle avant notre ère. Il s'agit d'une simplification extrême du hiératique afin d'écrire plus rapidement encore. Le démotique devient rapidement l'écriture officielle de l'administration.

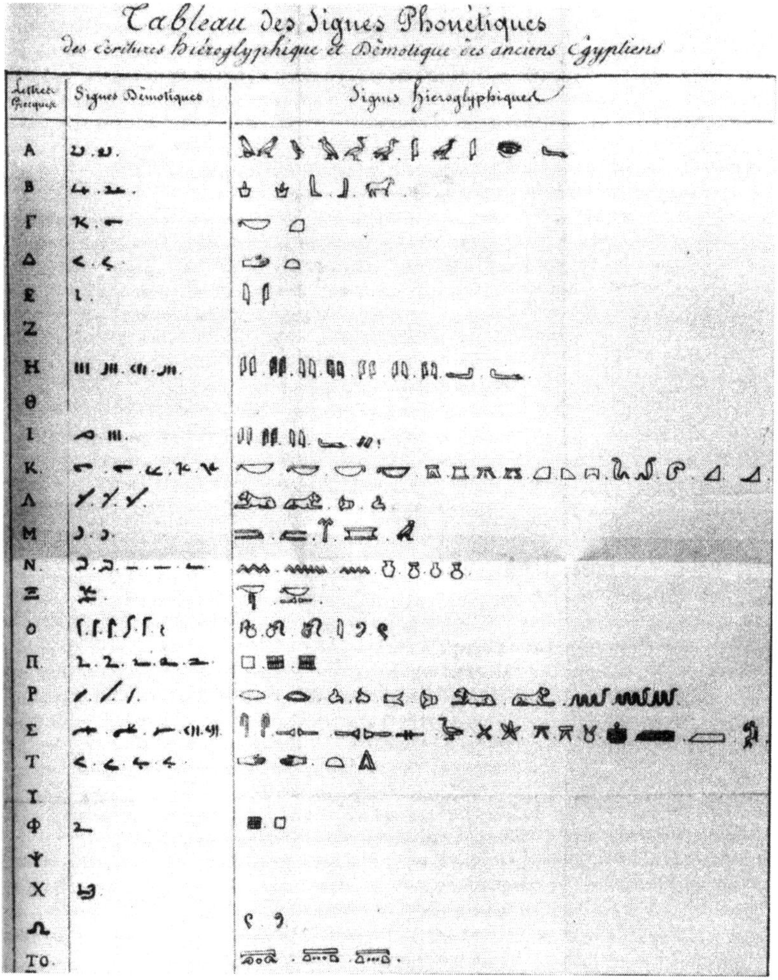

Extrait de la *Grammaire égyptienne* (1835-1841)
de Jean-François Champollion avec la liste des lettres de l'alphabet grec
et leurs correspondances en hiéroglyphes et en hiératique.

Avant d'être une langue (encore parlée de nos jours), le copte est une écriture qui apparaît sur le sol égyptien vers le Ier siècle de notre ère. Elle recourt à un alphabet proche du grec ancien pour écrire la langue égyptienne, ce qui simplifie grandement son apprentissage par rapport à celui des hiéroglyphes, du hiératique ou encore du démotique.

Alphabet copte.

Abandon de l'écriture hiéroglyphique

En 380, l'empereur chrétien Théodose Ier, qui règne sur un Empire démesuré couvrant une grande partie de l'Europe occidentale, promulgue un édit ordonnant, entre autres, la fermeture des temples païens. En Égypte, le patriarche Théophile d'Alexandrie est chargé de faire appliquer ces mesures : les temples sont alors détruits ou consacrés en églises. Or, les seuls qui continuaient à pratiquer l'écriture hiéroglyphique étaient les prêtres. Avec la fermeture des temples et l'interdiction d'organiser la moindre cérémonie païenne, la connaissance de cette écriture ancestrale disparaît. Le hiératique et le démotique tomberont également dans l'oubli peu après.

En 639, les Arabes envahissent l'Égypte. La langue et l'écriture officielles du pays deviennent l'arabe. Les Coptes, les Égyptiens chrétiens, ne sont pas obligés de se convertir et conservent la permission d'utiliser leur langue et leur écriture.

Jean-François Champollion, un prodige des langues

Jean-François Champollion naît à Figeac, le 23 décembre 1790. C'est son frère aîné, Jacques-Joseph, futur égyptologue, qui va en grande partie se substituer à leurs parents dans son éducation, ces derniers étant à la tête d'une tribu de huit enfants. Alors qu'il est âgé de 8 ans, Jean-François assiste impuissant au départ de son frère pour Grenoble et devient un garçon difficile, au point d'être retiré de l'école. C'est désormais un professeur particulier qui se chargera de l'instruire. Le miracle se produit quand ce dernier découvre l'intérêt et les facultés incroyables du jeune garçon pour les langues, en particulier le latin et le grec. À 11 ans, il part habiter à Grenoble avec son frère aîné qui engage un nouveau professeur. Deux ans plus tard, l'adolescent étudie avec bonheur, en plus du grec et du latin, l'hébreu, l'arabe ainsi que le syriaque et le chaldéen, deux langues parlées dans l'Antiquité en Orient. Il se découvre également, grâce à son frère, une passion pour l'archéologie et l'Égypte. À 17 ans, Jean-François Champollion quitte Grenoble pour Paris, afin d'y étudier trois nouvelles langues : le copte, l'amharique, une langue africaine, et le persan, une autre langue ancienne de l'Orient.

Portrait de Jean-François Champollion à 41 ans.
© Peinture à l'huile de Léon Cogniet. (Musée du Louvre, Paris.)

L'année suivante, il commence à s'intéresser aux hiéroglyphes, que l'on ne sait toujours pas lire à son époque. Plusieurs savants, dont le Britannique Thomas Young, se sont déjà penchés sur la question et ont réussi à traduire quelques mots par-ci par-là, mais pas à comprendre le système global des hiéroglyphes. Comme ces savants, Jean-François Champollion se penche sur la pierre de Rosette, une stèle sur laquelle le même texte a été écrit en grec et en deux mystérieuses écritures (le hiéroglyphique et le démotique).

La pierre de Rosette, une stèle, trois écritures

La pierre de Rosette est une immense stèle gravée mesurant 1,12 m de hauteur, 75 cm de largeur et 28,40 cm d'épaisseur, pour un poids total de 760 kilos. Elle fut rédigée en 196 avant notre ère, sous le règne de Ptolémée V, l'arrière-arrière-grand-père de la célèbre reine Cléopâtre VII.

Son originalité – même si elle est loin d'être un cas unique – est d'avoir été gravée en trois écritures différentes. Durant la période ptolémaïque, l'Égypte n'est plus gouvernée par des pharaons égyptiens, mais par des rois d'origine grecque, les Ptolémée. Or à l'époque de Ptolémée V, il n'y a plus que les prêtres qui recourent à l'écriture sacrée, c'est-à-dire les hiéroglyphes. En égyptien, les hiéroglyphes se disent  *medou netcher*, c'est-à-dire « les paroles du dieu ». Ce dieu, c'est Thot qui, pour les Anciens, était l'inventeur de l'écriture en hiéroglyphes et avait réussi à transformer les paroles en signes. Mis au point par un dieu, ces signes étaient donc sacrés. D'ailleurs, le mot « hiéroglyphe » vient du grec ιερός *(hiéros)* et γλύφειν *(glupheïn)* qui veut dire « écriture sacrée ». Or si l'écriture était sacrée, cela induit que peu de gens savaient la lire. Et en effet, à l'époque de Ptolémée V, les rares Égyptiens à savoir lire connaissent le démotique et non les hiéroglyphes.

Comme le texte de la pierre de Rosette concerne les prêtres, il a logiquement été écrit en hiéroglyphes, mais également en démotique ainsi qu'en grec, de manière à être compris par l'importante population grecque qui habite alors en Égypte et ne sait pas lire l'égyptien (démotique ou hiéroglyphique).

Pour comprendre le propos de la stèle, il faut connaître le climat politique dans lequel elle fut rédigée. Ptolémée V est le fils du roi Ptolémée IV et de la reine Arsinoé, époux mais également frère et sœur. À la mort de son père, sa mère devient régente car son fils n'est qu'un jeune enfant. Elle est rapidement assassinée par les conseillers de feu son mari qui vont alors gouverner au nom du jeune héritier. En fin de compte, le pouvoir va passer

La pierre de Rosette est aujourd'hui conservée au British Museum.

entre plusieurs mains, déclenchant guerres et révoltes, avant que Ptolémée V puisse prendre les rênes des affaires de son pays, grâce à l'appui du gouverneur de Chypre. Mais la menace n'est pas complètement écartée et le nouveau roi va devoir se battre pour garder son trône et ramener la paix dans le pays.

De fait, la pierre de Rosette commence par rappeler l'époque troublée que traversent le pays et le roi, ainsi que les guerres que celui-ci a dû mener. Grâce à lui, la paix est revenue et le texte insiste sur le fait qu'il est désireux de faire tout son possible pour le bonheur de son peuple. C'est d'ailleurs pour cette raison qu'il a décidé que le peuple ne paierait presque plus d'impôts ni de taxes. Seules les taxes des temples sont maintenues et les gens devront s'en acquitter avec de l'argent ou bien en nature, avec des céréales, des fruits ou des légumes. En revanche, les temples qui devaient jusque-là verser des taxes à l'État égyptien sont exemptés. Cette générosité du roi n'est pas anodine : en contribuant à enrichir les différents clergés du pays et en allégeant les impôts et taxes, elle lui assurait le soutien des prêtres et de la population.

La fin du texte indique : « Qu'on écrive ce décret sur une stèle de pierre dure en écriture sacrée, en écriture du peuple et en écriture grecque et qu'on la fasse dresser dans les temples les plus importants et aussi les moins importants, à côté de la statue de Pharaon. » De fait, des stèles similaires à la pierre de Rosette furent dressées un peu partout dans le pays. Les archéologues en ont d'ailleurs retrouvé plusieurs : certaines sont mieux conservées que la pierre de Rosette, d'autres se trouvent en moins bon état encore.

De la pierre de Rosette au déchiffrement des hiéroglyphes

En 1799, Français et Anglais s'affrontent en Égypte. Les premiers sont positionnés sur terre avec une flotte le long de la côte tandis que les seconds et leurs alliés turcs, se tiennent prêts à attaquer depuis la mer. Pour les contrer au mieux, les Français s'installent notamment dans la forteresse moyenâgeuse de Rosette et c'est en faisant des réparations pour la consolider que Pierre-François-Xavier Bouchard, un lieutenant du général Bonaparte, découvre la fameuse pierre de Rosette. Elle est expédiée au Caire où les savants qui accompagnent l'expédition prennent immédiatement conscience de son importance et ordonnent son envoi à Paris. Mais la guerre en décide autrement. Battus par les Anglais, les Français se retrouvent en position de faiblesse et n'ont d'autres choix que de céder aux vainqueurs une partie des antiquités qu'ils avaient rassemblées. Les savants français ont toutefois effectué plusieurs copies des textes de la pierre de Rosette, qui seront publiés en 1809, dans la célèbre encyclopédie *La Description de l'Égypte*. Les Anglais publient également les textes de la stèle de leur côté, et des savants du monde entier se penchent dessus pour tenter de résoudre les énigmatiques hiéroglyphes. En 1817, le scientifique anglais Thomas Young a compris trois choses très importantes : certains hiéroglyphes correspondent à des sons, mais pas tous, les hiéroglyphes et le démotique sont des écritures très proches et les noms des rois égyptiens sont écrits dans un cartouche. Toutefois, malgré son avancée, il n'arrive pas à décrypter assez les signes pour lire les textes écrits en hiéroglyphes et en démotique.

En France, le jeune prodige des langues Jean-François Champollion se lance lui aussi dans le difficile déchiffrement des hiéroglyphes. Pour rappel, parmi les neuf langues anciennes qu'il sait lire, se trouvent le grec et le copte. Or justement, l'un des textes de la pierre de Rosette est en grec ! Le linguiste, qui connaît le grec mais aussi les sons de la langue égyptienne par le biais du copte, va s'appuyer sur les travaux de ses homologues et réussir à aller plus loin dans le décryptage des hiéroglyphes. C'est alors qu'il comprend ce que personne n'avait encore imaginé avant lui : certains hiéroglyphes correspondent à des sons, d'autres à des idées ou des mots concrets et d'autres encore sont muets et servent à donner des précisions sur le sens à donner aux mots. Le 14 septembre 1822, Jean-François Champollion perce le secret des hiéroglyphes.

Exercice

L'écriture hiéroglyphique passant par le dessin, un petit entraînement s'impose ! Voici les hiéroglyphes du brasier, du visage humain de face, de l'ibis à crête et des trois renards attachés ensemble par le museau. À vous de jouer !

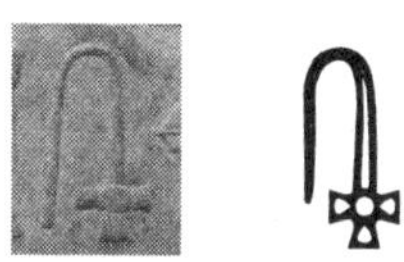
....

....

....

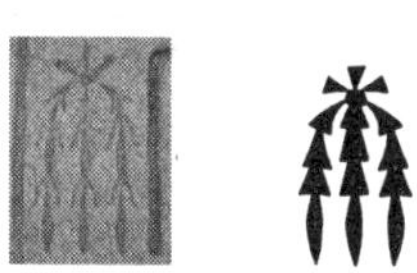
....

Leçon n° 1

La règle des cadrats

En français, nous écrivons les lettres les unes à la suite des autres, à l'horizontale. La méthode égyptienne est différente puisqu'elle s'appuie sur des dessins, parfois imposants. C'est le cas, par exemple, du signe du lion couché 𓃭. Si les Égyptiens avaient écrit les hiéroglyphes les uns à la suite des autres, il leur aurait fallu beaucoup d'espace. C'est la raison pour laquelle ils ont utilisé la règle des cadrats.

Suivant cette méthode, ils inscrivaient dans un cadre plus ou moins carré des hiéroglyphes de taille variable, selon les besoins. L'idée était de gagner de la place tout en conservant l'aspect esthétique de cette écriture.

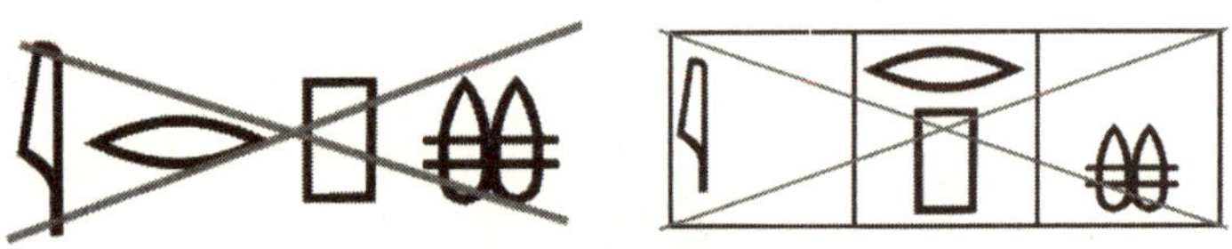

En égyptien ancien, les hiéroglyphes sont regroupés de façon harmonieuse.

C'est un point important à retenir : les Anciens avaient une notion d'équilibre particulièrement prégnante, qui rejoignait le principe de la *Maât*, un concept qui renvoie à l'Équilibre universel, l'Ordre, la Stabilité ou encore la Justice. Selon ce principe, la nature est faite de complémentarités et, par écho, l'esthétique est à l'opposé du fouillis, du chaos. Cette aspiration à l'équilibre était parfois très poussée : certains Égyptiens préféraient faire une faute d'écriture afin que le mot soit plus joli à voir ! C'est le cas du mot « fête », *heb*, qui s'écrit ainsi :  mais qu'il n'est pas rare de rencontrer écrit sous cette forme : .

Si le dessin de certains hiéroglyphes obligeait les Égyptiens à les écrire les uns après les autres, comme pour *heb*, la plupart du temps, il était possible, suivant la forme des signes, de les placer dans des cadrats.

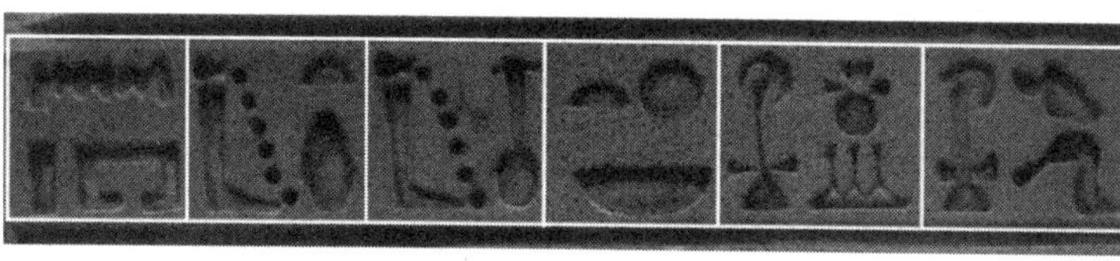

Exemple de signes de formes et de tailles différentes, répartis avec harmonie à l'intérieur de cadrats fictifs.

On peut penser que, pour l'apprentissage des hiéroglyphes, les élèves étaient aidés par des cadrats peints qui étaient ensuite effacés ou recouverts de peinture. Par la suite, l'écriture des signes entraîne un automatisme pour qui apprend à rédiger en hiéroglyphes, si bien que les cadrats deviennent inutiles pour agencer les dessins correctement.

Exercices

1. Écrivez le prénom *Meritamon*, qui signifie « Aimée d'Amon » en cadrats (en ligne et colonne) :

2. Écrivez cette épithète du dieu des Morts, Osiris, qui signifie « être parfait », en cadrats :

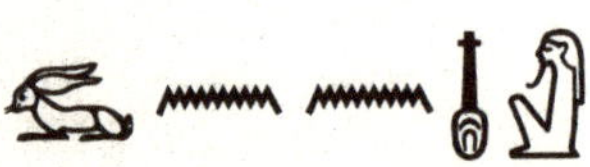

Leçon n° 2

Le sens de lecture

Si la majorité des sociétés modernes lisent et écrivent de la gauche vers la droite, en Égypte ancienne, il était tout aussi courant de lire dans ce sens que de la droite vers la gauche.

Autre différence majeure avec notre système : nous écrivons largement en ligne et très rarement en colonne (et encore, les cas sont limités à un ou quelques mots) alors qu'il était naturel pour les Anciens d'écrire aussi bien à l'horizontale qu'à la verticale. Grâce à l'usage des cadrats, l'appréhension du texte se fait aisément.

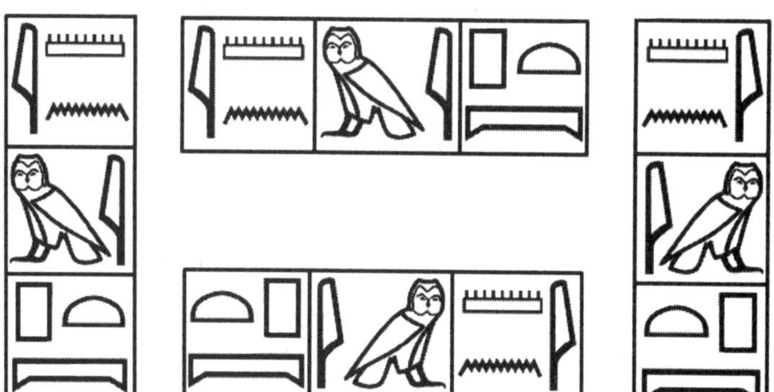

En égyptien, les hiéroglyphes pouvaient s'écrire selon quatre orientations.

Pour savoir dans quel sens lire les hiéroglyphes, rien de plus simple ! Il suffit de repérer, sur la ligne ou dans la colonne, les signes des animaux ou des personnages (c'est très rare qu'il n'y en ait pas !).

Pas besoin d'en chercher plusieurs, un seul suffit à nous donner la réponse. Imaginez une flèche : le sens de lecture doit obligatoirement pointer → vers le visage de l'animal ou du personnage. Prenons le signe des trois canetons dans leur nid :

→  = on lit de la gauche vers la droite

 ← = on lit de la droite vers la gauche

Les Égyptiens utilisaient ce double sens de lecture pour deux raisons principales. En premier lieu parce que, ainsi qu'on l'a évoqué plus haut, ils appréciaient la symétrie, l'harmonie et la complémentarité. Ainsi, pour mettre en valeur un mot, une expression ou une phrase, ils l'écrivaient deux fois, et afin que cela soit plus esthétique, ils modifiaient le sens de lecture pour produire un effet de miroir.

En second lieu, en l'absence de ponctuation, le changement de sens de lecture entraînait visuellement une distinction facile à repérer, notamment sur les stèles, des objets servant principalement à communiquer avec les dieux et les morts.

Haut de stèle sur laquelle dessin et texte sont dédoublés pour un effet miroir autour du signe *nefer* qui signifie « bon, beau, bien ».

Sur la stèle ci-dessous qui montre deux Égyptiens dans la position de l'adoration devant Osiris, la ligne blanche de séparation distingue les deux premières colonnes, en rapport avec le dieu des Morts, des huit autres, en rapport avec le couple. Le signe du cobra à gauche se trouve face à son homologue de l'autre côté de la ligne blanche, lequel, logiquement, regarde dans l'autre sens. On lira donc les deux premières colonnes de la droite vers la gauche et les autres dans le sens inverse.

Enfin, pour savoir par quel groupe de hiéroglyphes doit débuter la traduction, la réponse est simple : on commence toujours à traduire le texte de la personne (ou des personnes) la moins importante et on termine par le texte de la personne la plus influente car le message s'adresse à des entités (dieu, pharaon, mort) puissantes et non l'inverse.

Bien sûr, la réponse était imaginée et comme, pour les Anciens, tout ce qui était écrit ou figuré avait le pouvoir magique de s'accomplir ; logiquement, la réponse ne pouvait qu'être favorable.

Sur cette stèle figurant l'adoration d'Osiris par deux personnes, leurs paroles s'étalent sur huit colonnes et la réponse du dieu, seulement sur deux.

Exercices

1. Repérez le changement de sens de lecture sur cette stèle :

2. Écrivez cette ligne de gauche à droite et de droite à gauche :

....

Leçon n° 3

Les trois catégories de hiéroglyphes

En France, le système d'écriture repose sur un alphabet de 26 lettres avec lesquelles nous créons tous les sons de notre vocabulaire. En égyptien ancien, le fonctionnement des hiéroglyphes était bien plus complexe que cela puisqu'il a existé entre 500 et plus de 3 000 hiéroglyphes selon les périodes.

Le génie de Jean-François Champollion a été de comprendre que les hiéroglyphes relevaient de trois catégories différentes. De fait, certains signes sont des phonogrammes (ils correspondent à un son), d'autres sont des pictogrammes ou à des idéogrammes (signe graphique qui représente le sens d'un mot concret ou abstrait), et d'autres encore, appelés les déterminatifs, sont muets. On les trouve à la fin des noms, des adjectifs et des verbes, et leur rôle consiste à nous renseigner sur la catégorie à laquelle appartient le mot écrit.

L'étude des hiéroglyphes permet de se rendre compte que si leur système d'écriture est très différent du nôtre, il répond à une logique facile à comprendre.

Les phonogrammes

En français, l'alphabet comporte 26 lettres, qui correspondent à un son. L'association de certaines d'entre elles permet de créer de nouveaux sons comme le *au*, le *ou*… En égyptien ancien, certains signes renvoient à un seul son, comme dans notre alphabet, mais la majorité d'entre eux correspondent à deux, trois, ou plus rarement, à quatre sons.

Les égyptologues utilisent un système appelé la *translittération* pour écrire les sons de l'écriture hiéroglyphique (tableau ci-dessous).

Les unilitères

Il s'agit des hiéroglyphes qui correspondent à un son. Il en existe une quarantaine, un nombre qui pourrait sembler élevé de prime abord. La raison est simple : plusieurs hiéroglyphes répondent au même son.

Voici les principaux unilitères :

Hiéroglyphe	Transcription	Phonétique	Remarques
𓄿	*ꜣ*	*a*	
𓇋	*ꞽ*	*i*	
𓇌	*y*	*y*	
𓂝	*ʿ*	*â*	
𓅱	*w*	*ou*	
𓃀	*b*	*b*	
𓊪	*p*	*p*	
𓆑	*f*	*f*	
𓅓	*m*	*m*	
𓈖	*n*	*n*	
𓂋	*r*	*r*	
𓉔	*h*	*h*	
𓎛	*ḥ*	*h*	*h* aspiré

Hiéroglyphe	Transcription	Phonétique	Remarques
𓐍	*ḫ*	*rh*	
𓄡	*ẖ*	*ch*	
𓋴 ou 𓊃	*s*	*s*	
𓈙	*š*	*ch*	
𓈎	*ḳ*	*q*	
𓎡	*k*	*k*	
𓎼	*g*	*g*	*g* de « garçon »
𓏏	*t*	*t*	
𓍿	*ṯ*	*tch*	
𓂧	*d*	*d*	
𓆓	*ḏ*	*dj*	

Parmi les unilitères correspondant aux sons de notre alphabet, se trouvent le *a*, qui s'écrit avec le vautour percnoptère, le *f*, avec la vipère à cornes, le *r* avec la bouche ouverte et le *y* avec le double signe du roseau (équivalent à deux *i*) :

𓄿 *ꜣ* 𓆑 *f* 𓂋 *r* 𓇌 *y*

Bien que les Anciens aient employé la plupart des sons de notre alphabet, les sons *j*, *l*, *o*, *u*, *v*, *w*, *x* et *z* n'existaient pas. Quant au son *e*, dont nous ne pourrions nous passer, son cas est un peu particulier. En effet, les Égyptiens le prononçaient entre chaque consonne, mais ils ne l'écrivaient pas. En le glissant entre deux consonnes de manière systématique (un réflexe qui se prend très vite), on prononce plus facilement les mots. En égyptologie, on utilise la translittération, un système un peu différent où le *e* n'a logiquement pas sa place (tableau page précédente).

Par ailleurs, les Égyptiens utilisaient dans leur langage certains sons que nous n'utilisons pas chez nous ou très rarement, comme le *tch*, qui s'écrit à l'aide du lien pour attacher les animaux, ou le *dj* que l'on dessine avec le cobra :

 *ṯ*  *ḏ*

Hiéroglyphe du lien
pour attacher les animaux répondant au son *tch*

Les bilitères

Ce sont les hiéroglyphes qui correspondent à deux sons. On peut choisir de les remplacer par les unilitères correspondant à ces mêmes sons. Par exemple, le pot de lait tenu par une corde, *mi*, peut également s'écrire en décomposant le son, à l'aide de la chouette pour le son *m* et du roseau pour le son *i* :

 *mi*  *mi*

Hiéroglyphes gravés sur une profondeur particulièrement importante et à l'origine peints.

Attention, ces sons qui correspondaient à deux sons pour les Égyptiens avaient parfois une équivalence de trois lettres pour nous, comme la cordelette nouée, *oua*, qui correspondait, dans l'Antiquité, aux sons *ou* + *a*, les collines qui se lisent *djou* et correspondaient donc aux sons *dj* + *ou*, ou encore le plateau de jeu qui se lit *men* (donc *m* + *n*).

 *wꜣ* 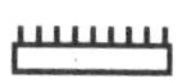 *mn* 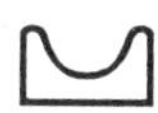 *ḏw*

Cependant, en règle générale, on écrit à l'économie, donc en limitant le nombre d'hiéroglyphes, ce qui permet un gain de place ou de temps, surtout quand il s'agit de graver de grands signes sur les murs d'un temple.

Hiéroglyphe du lasso correspondant au son *oua*

Les trilitères

Sous cette appellation sont regroupés les hiéroglyphes correspondant à trois sons, comme le signe du temple qui se dit *hout*, le collier de perles, *nebou*, qui signifie « l'or », ou encore le tonneau de grains qui se lit *bedet*.

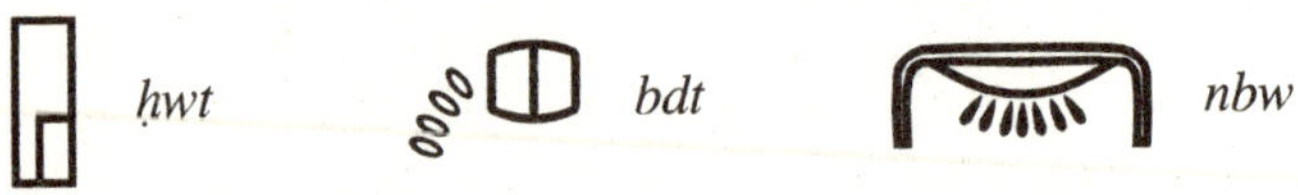

Les quadrilitères

Cette dernière catégorie regroupe un nombre très limité de hiéroglyphes, parmi lesquels la figure du prisonnier à genoux avec les mains attachées dans le dos qui se lit *khefety*, un vase à onguent qui se prononce *merehet*, ou encore le bloc figurant un cobra et un vautour, chacun sur une corbeille, qui se lit *nebty*.

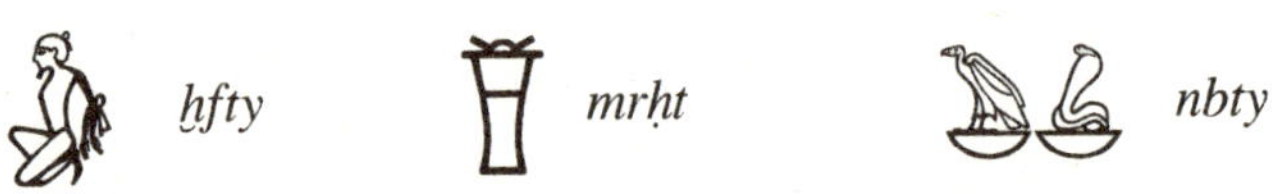

Hiéroglyphes figurant les déesses Nekhbet
et Ouadjyt sur une corbeille.

Les hiéroglyphes correspondant à plusieurs sons

Pour qui débute l'apprentissage des hiéroglyphes, il y a une règle immuable : ce qui paraît très simple à comprendre se double toujours d'une difficulté !

Ici, elle concerne de nombreux hiéroglyphes qui pouvaient correspondre à des sons très différents, comme le signe de l'arbre qui se lit aussi bien *iam* que *im*, *ima*, *nebes* ou encore *mâr*, ou celui de la touffe de papyrus qui se prononce *mehou*, mais aussi *akh*, *djyt*, ou encore *ouakh* !

 *i͗ꜣm*, *im*, *imꜣ* et *mꜥr*  *mḥw*, *ꜣḫ*, *ḏyt* et *wꜣḫ*

Les pictogrammes et idéogrammes

Les hiéroglyphes pictogrammes représentent un mot concret alors que les hiéroglyphes idéogrammes évoquent une idée. Les premiers sont figurés par un dessin simple qui permet de comprendre leur sens au premier coup d'œil. C'est le cas de *per*, le signe de la maison, représenté par les murs d'une simple demeure ; de *pet*, la voûte céleste ; ou encore de *miou*, le chat.

 *pr*  *pt*  *miw*

Les seconds permettent de traduire, par un dessin, des éléments abstraits, une action… à l'image de nos pictogrammes contemporains (panneaux de signalisation, logos, drapeaux, smileys…)

Ainsi, le bras armé 𓂡 va se trouver à la fin de mots comme *nekhet*, « la force », le bâton de jet 𓌙 utilisé lors de parties de chasse va logiquement être utilisé pour des verbes comme « lancer » ou « jeter » et la houe en bois 𓌻 employée par le paysan pour faire un sillon dans la terre va déterminer les verbes « piocher », « creuser » ou encore « cultiver ». Quant à la jarre de bière 𓏊, on va la trouver à la fin des mots « bière », « boisson », « s'enivrer » ou encore « ivresse ».

Nekhet, « la force » en égyptien.

Les déterminatifs

Ce nom un peu barbare désigne la dernière catégorie de hiéroglyphes. Leur rôle est important car ils permettent, à l'aide d'un seul dessin, de préciser le genre ou le sens du mot.

Toujours muets, ces déterminatifs se rencontrent systématiquement en fin de mots (adjectifs, noms et verbes). Ainsi, la girafe qui, grâce à son long cou, voit plus loin que tous les autres animaux et les humains, se trouve à la fin du mot *serout* qui signifie « prophétie ». Le signe de la momie allongée sur un lit funéraire était placé à la fin du verbe *sedjer* signifiant « dormir », « être allongé ». Le dessin de l'homme courbé se rencontrait à la fin du mot *iou* qui veut dire « le bossu ».

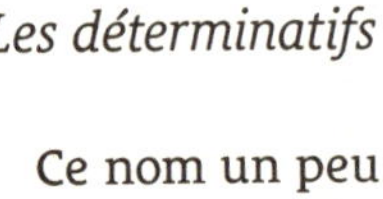 *srwt* 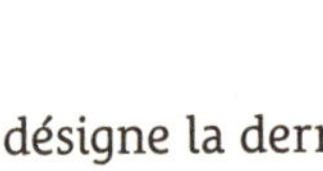 *sḏr*  *iw*

Les hiéroglyphes déterminatifs sont également très utiles et fort appréciables dans le cas des homonymes, car il devient alors inutile d'avoir toute une phrase pour comprendre le sens du mot, ce qui n'est pas le cas en français avec des termes comme « pièce », « droit » ou encore « rose ».

Ainsi, le mot *oudj* peut avoir plusieurs sens qui seront impossibles à deviner à l'oral si l'on n'explicite pas leur contexte. Par contre, nul besoin d’avoir une phrase pour préciser son sens à l’écrit : si *oudj* est suivi d’une stèle, il veut tout simplement dire « stèle », s’il est suivi du signe de l’homme tenant une pagaie (parfois remplacée par la lance), il signifie « piloter » ou « guider », s’il est suivi du rouleau de papyrus, il veut dire « ordre » ou « décret », et s’il est suivi du hiéroglyphe de la cruche, il signifie logiquement « cruche ».

Certains mots pouvaient également cumuler plusieurs déterminatifs en vue d’affiner encore davantage le sens du mot qu’ils complètent. C’est le cas de certains noms comme *nekhet*, qui signifie, on l’a vu, « force », mais qui, écrit avec le déterminatif de l’homme assis, permet de comprendre qu’il s’agit du nom d’un homme appelé « (le) fort ». C’est également le cas du mot *khayt* qui signifie « la maladie » et qui se termine par le signe de la plaie, celui de l’oiseau de malheur (en lien avec le mal et la souffrance) et les trois traits qui désignent soit le pluriel, soit quelque chose d’abstrait comme ici la maladie.

 *nḫt*

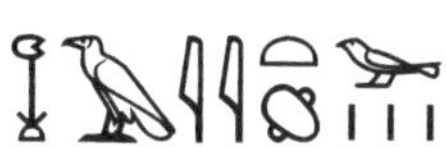 *ḫꜣyt*

Les hiéroglyphes multifonctions

Enfin, pour compliquer un peu plus les choses, certains hiéroglyphes appartenaient à deux voire trois catégories !

C’est notamment le cas du hiéroglyphe ⊙ qui correspond à un son, *râ*, à un pictogramme, le soleil, et que l’on utilisait comme déterminatif pour les dieux du Soleil, comme Amon, Aton, Atoum, Horakhty ou encore Khepri.

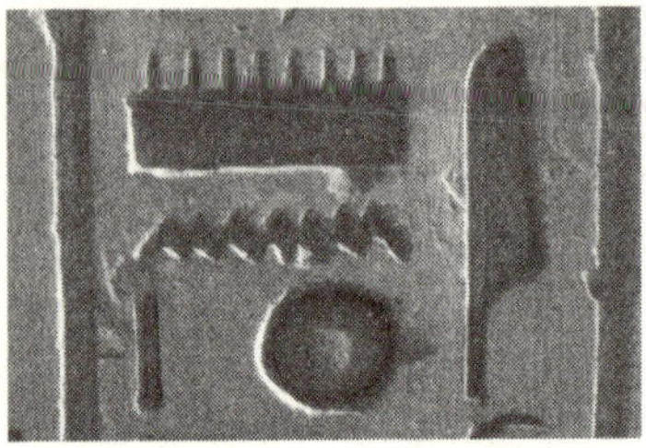

Amon, *Imen* en égyptien, écrit de la droite vers la gauche.

Exercices

1. Quels sons correspondent à ces quatre hiéroglyphes ? Vous pouvez vous aider des tableaux des pages 63 et suivantes.

....

2. Quel hiéroglyphe les Égyptiens utilisaient-ils comme déterminatif pour les mots en rapport avec un bâtiment ?

a. Le mur en chicane

b. La maison

c. La brique

3. Devinez le sens des mots suivants, écrits à partir du hiéroglyphe *sech* qui représente le matériel de base du scribe avec, à droite, le pinceau, attaché au godet à eau, lui-même relié à la palette comportant deux minigodets pour les pigments noir et rouge.

a.  b. 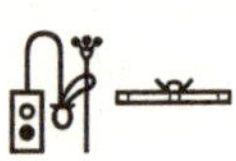 c. 

4. Les Égyptiens ont utilisé le signe de la voile gonflée  pour écrire quelque chose d'invisible. À votre avis, que désignait le mot *tchaou* dans l'Antiquité ?

....

Leçon n° 4

Le redoublement des sons dans les mots

Une autre particularité de l'écriture égyptienne qui touche un grand nombre de mots consiste à redoubler avec un unilitère, voire deux, les sons d'un bilitère ou trilitère sans les prononcer !

Par exemple le hiéroglyphe *men*, qui figure un plateau de jeu, est systématiquement suivi du signe des vagues pour le son *n* et le hiéroglyphe *nefer*, qui veut dire « bon », « beau » ou « bien » est très souvent suivi de la vipère à cornes qui répond au son *f* et de la bouche ouverte qui se lit *r*.

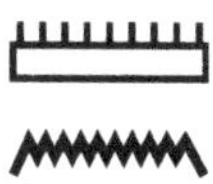

mn (+ n)

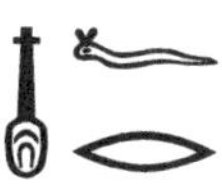

nfr (+ f + r)

Le hiéroglyphe *mes* (vu dans le premier exercice, et ici stylisé à l'extrême) redoublé par le signe du tissu replié pour le son *s*.

On pourrait s'étonner, de prime abord, que les Égyptiens se soient ainsi compliqué les choses. Pourtant, une fois encore, la logique prime dans leur raisonnement. Dans le tableau des signes hiéroglyphiques principaux (voir page 24), on note qu'un grand nombre de hiéroglyphes répondait à plusieurs sons. Afin d'éviter une surcharge dans la mémorisation de l'écriture des mots (qui pouvait, en plus, prendre plusieurs formes dans certains cas, comme le mot *oudjâ*, « couper », qui pouvait s'écrire ainsi 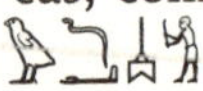 ou ainsi ), une règle d'uniformisation a émergé pour généraliser le redoublement du ou des derniers sons des bilitères, trilitères et quadrilitères, même si les exceptions à la règle ne sont pas rares.

Prenons l'exemple de l'oreille de vache : le signe se lit *sedjem* la plupart du temps, mais il répond aussi aux sons *mesedjer*, *ânkh*, *djeredj* et *iden*. Pour savoir quel son lui attribuer, les Anciens doublaient tout simplement le dernier son et éventuellement l'avant-dernier, si bien qu'il ne pouvait y avoir de méprise sur le son à rendre à l'oral. L'oreille suivie de la chouette se lit *sedjem* et veut dire « écouter » alors que l'oreille suivie des vagues et du rouleau de papyrus permettait d'écrire le mot *iden* qui veut dire « procuration » ou « délégation de pouvoir ».

 *sḏm (+ m)*  *idn (+ n) + déterminatif*

Ce complément phonétique empêchait donc toute erreur de prononciation du terme. Il est un peu déstabilisant au début, mais comme il est quasiment systématique, on s'y fait très vite !

Dernière variante à cette règle : le redoublement pouvait parfois advenir avant et après un bilitère. Ça donne l'impression de complexifier un peu plus encore les choses, mais en fait, pas du tout !

Prenons l'exemple du mot *inet* qui signifie « la vallée » :

i (+ in) + n + t + déterminatif des montagnes avec des vallées

Logiquement, en épelant le mot, on se rend compte qu'il y a deux fois le son *in*, donc on ne le prononce qu'une fois. En revanche, si les hiéroglyphes sont redoublés par les mêmes signes, comme dans le mot *menmenet* qui signifie « troupeau », on prononce bien le redoublement.

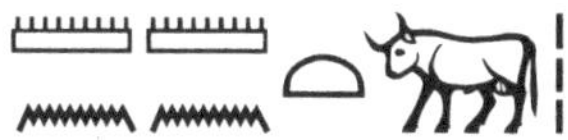

mn (+ n) + mn (+ n) + t + déterminatif du bœuf

Exercices

1. En vous aidant des tableaux des pages 63 et suivantes, comment prononcez-vous ce mot, qui est le nom antique que les Égyptiens donnaient à la cité d'Edfou, placée sous la protection du dieu-faucon Horus dans l'Antiquité ?

…………………

2. Nous avons précédemment vu que ce mot se lisait *nekhet* et qu'il signifiait « la force ». Comment se décompose-t-il ?

…………………

3. Quelle est la prononciation de cette épithète du dieu des Morts Osiris ?

…………………

Leçon n° 5

La ponctuation

On aurait pu penser que si les Égyptiens utilisaient des dessins en lieu et place de lettres, ils auraient mis au point un moyen graphique de ponctuation et pourtant… Force est de constater qu'il n'y a aucun équivalent à nos virgules, points d'interrogation, deux-points et autres points finaux.

Tout au plus, certaines phrases, que l'on appelle les phrases à prédicat, commencent par deux hiéroglyphes, le roseau et le poussin de caille, que l'on prononce *iou* :

iw

Une phrase à prédicat implique qu'il y ait d'une part un sujet et d'autre part ce que l'on dit de ce sujet. Par exemple : « Sennefer est le maire de Ouaset [nom égyptien de Thèbes]. »

À l'inverse, « J'ai vu sortir de la maison de Meryt un scorpion » n'est pas une phrase à prédicat.

En dehors de ces deux signes qui n'indiquent donc que ponctuellement (et rarement, il faut le dire !) le début de la phrase, il revient à la personne qui veut lire et traduire les hiéroglyphes de se débrouiller pour savoir où commence une phrase et où elle s'arrête !

Sur les stèles, fausses portes, murs des tombes ainsi que parois de certains cercueils, des formules stéréotypées commencent souvent les phrases. Deux en particulier sont très populaires.

La première est « *hetep di nesout* », « Offrande royale faite à... » :

ḥtp dỉ nswt

Contrairement à ce que l'on pourrait penser, il ne s'agit toutefois pas d'une prérogative royale, mais d'une formule consacrée à qui peut se permettre de la faire peindre ou graver sur un support funéraire. Dans l'idée, il s'agit pour le défunt d'être associé au roi et à travers lui aux offrandes qu'il destine à une ou plusieurs divinités dans l'optique de s'attirer leurs faveurs.

Sur ce cercueil, l'expression « Offrande royale faite à Osiris... »
se rencontre au-dessus d'une paire d'yeux-*oudjat*
censés permettre au défunt de voir ce qui se passait
dans le monde des vivants par-delà la mort.

Une autre formule traditionnelle se rencontre principalement sur les cercueils et parois de tombe. Il s'agit de l'expression *djed medou in* que l'on rend par « Paroles dites par... ». La suite est généralement suivie du nom d'une divinité.

ḏd mdw ỉn

Sur la peinture suivante, l'image du dieu de l'Air, Chou, est ainsi suivie d'une colonne dans laquelle est écrit :

Ḏd mdw in Šw s3 Rʿ

Djed medou in Chou (+ ou) sa Râ (+ déterminatif du dieu*)*

« Paroles dites par Chou, le fils de Râ »

Le dieu Chou se reconnaît au signe de la plume (*chou*) accrochée à sa coiffure.

Exercices

1. Recherchez le *iw* dans ces quatre colonnes :

2. Translittérez et traduisez la première colonne :

....

Leçon n° 6

L'antéposition honorifique

L'antéposition honorifique traduit la volonté d'exprimer de façon graphique son respect aux dieux (ou à Pharaon) en écrivant en premier leur nom, bien qu'à l'oral il ait été prononcé, dans certains cas, après. En fait, tout dépend de la phrase ou du nom en question.

Prenons par exemple Amenhotep (*Imenhetep* en égyptien), un nom porté par plusieurs pharaons.

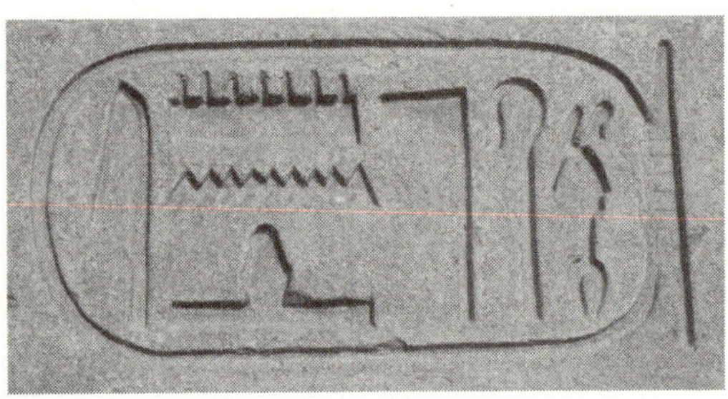

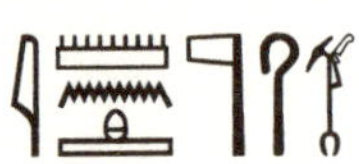

Ỉmn-ḥtp nṯr ḥḳ3 w3s.t
I + men (+ n) + hetep netcher heqa Ouaset
« Amon (est) en paix, dieu et souverain d'Ouaset [Thèbes] »

Ici, « Amon » est logiquement placé en tête, car bien que le nom royal soit une phrase, celui du dieu est le sujet et donc écrit en premier.

Maintenant, si l'on prend le nom de naissance du roi Toutânkhamon, *Toutânkhimen*, qui signifie « Image vivante d'Amon », on note que le sujet de cette phrase n'est cette fois pas le dieu. Toutefois, par respect, les Anciens l'écrivaient en premier.

écrit : *Ỉmn-twt-ʿnḫ ḥḳꜣ Ỉwn Šmʿ*
et lu à voix haute : *twt-ʿnḫ-imn ḥḳꜣ Ỉwn Šmʿ*
I + men (+ n) + t + ou + t + ânkh heqa ioun chemâ
« Image vivante d'Amon, souverain de l'Héliopolis du Sud »

On observe la même chose avec l'adjectif *nesout*, , qui signifie « royal ». Alors que les adjectifs se placent traditionnellement après le nom qu'ils qualifient, *nesout* se trouve toujours devant, une nouvelle fois pour une question d'antéposition honorifique.

Nefertari, la « Grande Épouse royale », sur les murs de sa tombe, l'une des plus belles d'Égypte.

Dans le rectangle blanc comportant deux cadrats, on peut lire les hiéroglyphes suivants, *nesout hemet ouret* :

Nswt ḥmt wrt
Nesout hem + (e) + t our + (e) + t
« Grande Épouse royale »

Par respect pour la reine Nefertari et sa fonction, l'adjectif « royal » était donc exceptionnellement placé devant et non après le nom qu'il qualifiait.

Exercice

a.

b.

c.

d.

Lisez ces quatre cartouches :

a. ....

b. ....

c. ....

d. ....

LEÇON Nº 7

Les prépositions

Tout comme en français, les prépositions s'écrivent au moyen de mots très courts comportant entre un et trois hiéroglyphes. C'est là que réside toute la difficulté de les reconnaître puisque la plupart d'entre eux sont constitués d'unilitères et donc très courants !

Autre difficulté : un même signe peut correspondre à plusieurs prépositions, ce qui rend complexes certaines traductions, surtout quand il y a des lacunes, car c'est le sens de la phrase qui permet de comprendre le sens du ou des hiéroglyphes servant de prépositions.

Voici les prépositions principales que les Égyptiens utilisaient et le sens qu'ils leur attribuaient :

𓈖	*n*	*n*	de, à, pour
𓅓	*m*	*m*	dans, en, grâce à, sous forme de
𓅓𓅓	*m-m*	*em-em*	parmi
𓂋	*r*	*r*	vers, par rapport à, selon, contre, à propos de
𓌨𓂋	*ẖr*	*cher*	sous
𓎛𓈖𓂝	*ḥnꜥ*	*henâ*	avec, ainsi que
𓇋𓈖	*in*	*in*	par
𓁷𓂋	*ḥr*	*her*	sur, au-dessus, à cause de
𓇥𓂋	*ḏr*	*djer*	depuis
𓏇𓇋	*mi*	*mi*	comme

Leçon n° 8

Les pronoms et articles possessifs

En français, il existe neuf pronoms personnels – je, tu, il, elle, nous, vous, ils, elles et on – et quinze articles possessifs – mon, ma, mes, ton, ta, tes, son, sa, ses, notre, nos, votre, vos, leur et leurs.

En égyptien, il n'existe pas moins de trois types de pronoms : les pronoms suffixes, les pronoms indépendants et les pronoms dépendants. Ces trois catégories complexifient les choses, en revanche, un autre point les simplifie : les articles possessifs et pronoms suffixes sont les mêmes.

Les pronoms suffixes et articles possessifs

Les pronoms suffixes et articles possessifs se placent juste après le nom qu'ils déterminent ou après une préposition. En translittération, on les indique avec une séparation qui peut être un point (.) ou des barres obliques (//).

Ainsi, « mon chien » s'écrira :

iwiw.i

iou (+ ou) + *iou (+ ou)* + *déterminatif* du chien

i (article possessif)

Mon chien (dit par un homme)

iwiw.i

iou (+ ou) + iou (+ ou) + déterminatif du chien

i (article possessif)

Mon chien (dit par une femme)

Et « il part avec elle » s'écrira ainsi :

šm.f ḥnᶜ.s

chem (+ m) + déterminatif des jambes + *f* (pronom)

h + (e) + n + â s (pronom)

Voici la liste des pronoms suffixes et articles possessifs :

	se lit *i* je/moi/mon/ma/mes (masculin)		se lit *i* je/moi/mon/ma/mes (féminin)
	se lit *ek* tu/toi/ton/ta/tes (masculin)	 ou 	se lit *te* ou *tche* tu/toi/ton/ta/tes (féminin)
	se lit *ef* il/lui/son/sa/ses	 ou	se lit *es* elle/son/sa/ses
	se lit *n* (les trois traits sont les déterminatifs du pluriel, ils sont donc muets) = nous/notre/nos		
	se lit *ten* (même chose pour les trois traits du pluriel) = vous/votre/vos		
	se lit *sen* (et s'écrit également avec le déterminatif des trois traits du pluriel) = ils/elles/eux/leur/leurs		

En égyptien, le verbe « avoir » n'existe pas ! Il est toutefois plus facile de se passer de quelque chose que l'on n'a jamais connu que de quelque chose devenu incontournable ou essentiel pour nous !

De fait, les Égyptiens évoquaient la possession en la traduisant autrement. « Idout a une belle perruque » deviendra tout simplement « La belle perruque d'Idout » :

Ỉdwt nfr.t bbw.t

Idout + déterminatif de la femme *nefer (+ f + (e) + r) + (e) + t*

b + (e) + b + ou + t + déterminatif de la boucle de cheveux

Les pronoms indépendants

Ainsi que leur désignation le laisse entendre, les pronoms indépendants ne se rattachent pas à des mots, comme les pronoms suffixes. Ils interviennent dans les phrases où le prédicat est un nom.

Prenons l'exemple de « Râ gouverne les hommes ». Dans cette phrase, « les hommes » correspondent à un nom. Donc si on veut remplacer « Râ » par « il », on utilisera le pronom indépendant *netef* :

Ỉw ntf ḥḳ3 rmṯ

Iou netef heqa remetch

i + ou n +(e) + t + (e) + f heqa (+ q + a) + déterminatif du rouleau de papyrus (en lien avec les ordres) + signes de l'homme, de la femme et des trois traits du pluriel qui se lisent *remetch*

Voici la liste des pronoms indépendants :

 se lit *inek* je (masculin et féminin)	
 se lit *netek* tu (masculin)	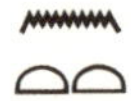 ou  se lit *netet* ou *netech* tu (féminin)
 se lit *netef* il	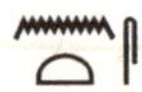 ou  se lit *netes* elle
 ou  se lit *inen** nous	
 ou  se lit *netetchen* ou neteten** vous	
 ou 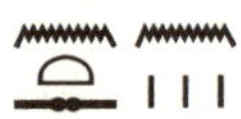 se lit *netesen** ils/elles	

* Il est fréquent que les trois traits du pluriel ne soient pas écrits. Et lorsqu'ils le sont, ils sont présents en tant que déterminatifs du pluriel, donc ils restent muets.

Les pronoms dépendants

Les pronoms dépendants se rencontrent dans les phrases cette fois à prédicat adjectival (comme « il est courageux ») et sont également utilisés comme pronoms personnels en complément d'objet direct (COD).

Le nom de naissance du pharaon Ramses II était *Râmessou*. Il s'agit d'une courte phrase qui signifie « Râ l'a engendré ». Ici, le « l' » fait référence à Ramses II, et ce sont les pronoms dépendants qui seront systématiquement utilisés dans ces cas-là :

Rˁmssw
Râmessou
Râ + mes (+ s) + sou (+ ou)

Voici la liste des pronoms dépendants :

	se lit *wi* je, me (masculin et féminin)
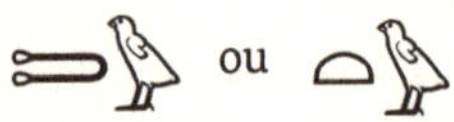	se lit *tchou* ou *tou* tu, te (masculin)
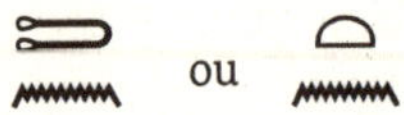	se lit *tchen* ou *ten* tu, te (féminin)
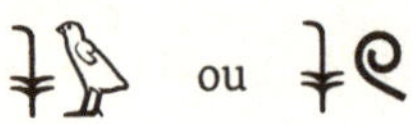	se lit *sou* il, le
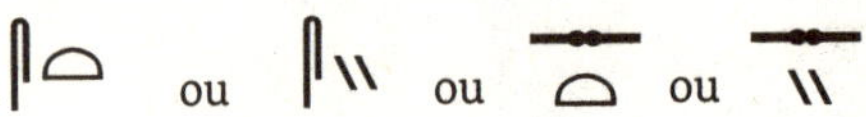	se lit *set* ou *sy* elle, la
	se lit *n** nous
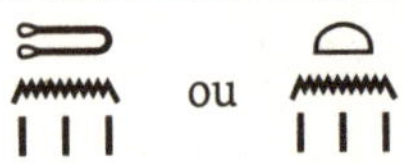	se lit *tchen** ou *ten** vous
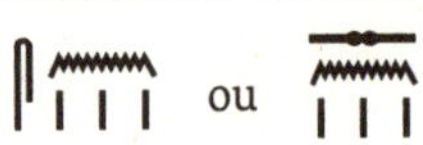	se lit *sen** ils, elles, leur

Leçon n° 9

Le présent

S'il y a enfin quelque chose de simple en égyptien ancien, c'est bien le présent ! En effet, le verbe conservera la même graphie, quel que soit le pronom personnel employé.

Ainsi, le verbe *ha*, qui signifie « accoster », « échouer » ou encore « débarquer », se conjuguera-t-il ainsi au présent :

	*h3.i*	*ha.i*	J'accoste (dit par un homme)
	*h3.i*	*ha.i*	J'accoste (dit par une femme)
	*h3.k*	*ha.k*	Tu accostes (à un homme)
	*h3.ṯ*	*ha.tch*	Tu accostes (à une femme)
	*h3.t*	*ha.t*	Tu accostes (à une femme)
	*h3.f*	*ha.f*	Il accoste
	*h3.s*	*ha.s*	Elle accoste
	*h3.s*	*ha.s*	Elle accoste
	*h3.n*	*ha.n*	Nous accostons
	*h3.tn*	*ha.ten*	Vous accostez
	*h3.sn*	*ha.sen*	Ils/Elles accostent

Rien de plus simple, donc ! Il suffit de faire suivre le verbe du pronom suffixe si celui-ci est le sujet. En effet, par rapport à notre mode de conjugaison, les Égyptiens inversent l'ordre en plaçant d'abord le verbe et ensuite le pronom personnel.

Si le sujet de la phrase est un nom ou groupe nominal, il se place, comme en français, avant le verbe.

Ainsi, pour écrire « Thot écrit sur du papyrus », l'Égyptien prononcera cette phrase *iw Djehouty sech her medjat* et l'écrira ainsi :

Ḏḥty sš ḥr mḏ3t

Dj (+ e) + houty (+ y) + déterminatif de l'homme *s + (e) + ch + déterminatif* du rouleau de papyrus *her (+ r) m + (e) + dja + t + déterminatif* du rouleau de papyrus

Exercices

1. Écrivez en hiéroglyphes de la droite vers la gauche puis translittérez l'ensemble : « Les dieux sont parmi nous. »

....

....

2. Écrivez et translittérez la phrase suivante : « Le roi de Haute et de Basse-Égypte gouverne les Deux-Terres. »

....

....

3. Translittérez et traduisez cette phrase :

....

....

Leçon n° 10

Le masculin et le féminin

La distinction entre le masculin et le féminin est facile à comprendre et correspond exactement à notre système français, à savoir ajouter une lettre ou un hiéroglyphe final au mot pour le passer du masculin au féminin. En français, il s'agit du *e*, en égyptien, il s'agit du *t* que l'on écrit avec le signe du pain vu de profil  . C'est donc ce hiéroglyphe que l'on rencontre logiquement à la fin des noms féminins, comme dans *menit*, « le collier », ou dans *henet*, « la coupe ».

mnit + déterm.

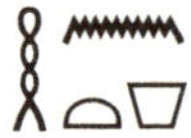

ḥnt + déterm.

Ce système est plus facile qu'en français car tous les noms et adjectifs suivent la règle du *t* au féminin, ce qui n'est pas le cas en français, puisque nos noms et adjectifs ne se terminent pas obligatoirement par un *e* final au féminin.

Par ailleurs, le *t* final s'écrit toujours avant le déterminatif qui termine le mot.

Attention ! Certains mots masculins peuvent finir par un *t*. C'est le cas de *khet* qui veut dire « le bois » et d'*ahemet* qui signifie « douleur », « tristesse » et « chagrin ».

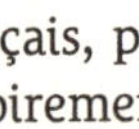

ẖt
kh + (e) + t

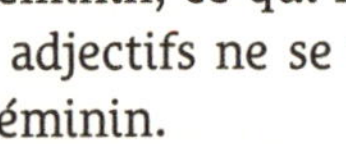

ꜣhmt
a + h + (e) + m + (e) + t + déterminatif de l'oiseau de malheur + *ou*

On verra dans la partie suivante comment les Anciens marquaient le pluriel des mots féminins.

Leçon n° 11

Le pluriel et le duel

Dans la langue française, on décline les noms et adjectifs selon leur genre et leur nombre. En égyptien ancien, il existait le singulier, le pluriel ainsi que le duel, se rapportant au chiffre 2 ou à la paire.

Le pluriel

Le pluriel se prononce à la fin du mot et ne correspond qu'à un seul son, le *ou*, ce qui est donc plus simple qu'en français où le pluriel se matérialise soit par un *s*, soit par un *x*, et entraîne parfois une modification de la fin du mot. Par exemple, « cheval » au singulier deviendra « chevaux » au pluriel.

En égyptien, le pluriel se prononce systématiquement *ou*, mais il peut s'écrire de six façons différentes. Les cinq premières recourent à des hiéroglyphes – les trois traits, le poussin de caille et la boucle – qui se prononcent *ou*.

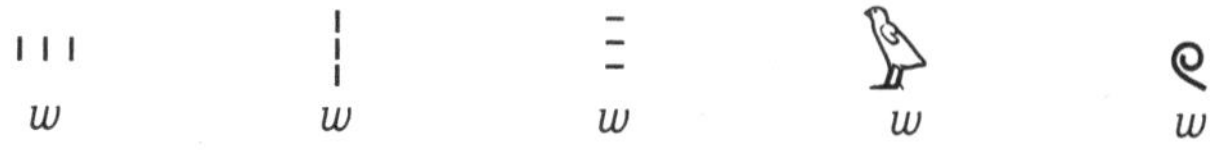

Dernière possibilité : on écrit trois fois le même signe (ce qui rappelle ce que l'on appelle « les trois traits du pluriel »). On pourra écrire « les pyramides », *merou*, de toutes ces manières :

Attention toutefois aux exceptions constituées par cinq signes qui s'écrivent naturellement en répliquant trois fois le même dessin :

w/ou *sẖt/sekhet* *it/it* *mw/mou* *ṯꜣw/tchaou*

Par ailleurs et de la même façon qu'en français avec des mots au singulier se terminant par un *s* ou un *x* comme « oasis » ou « heureux », il existait aussi des noms ou adjectifs se terminant par le son *ou* sans qu'ils soient au pluriel, comme *miou*, le chat :

À l'écrit, le pluriel sera noté par les trois traits du pluriel (plus rarement le poussin ou la boucle), mais on ne prononcera le son *ou* qu'une seule fois :

miw

En ce qui concerne le pluriel des mots féminins, il se note, tout comme pour le masculin, en fin de terme, mais attention, il s'écrit *.tou* mais se lit *out*.

Prenons comme exemple le mot féminin *pat* qui désigne « le pain d'offrande » ou « le gâteau ». Au pluriel, on écrira *patou*, mais à l'oral, on prononcera le terme *paout* :

pꜣ.t
(p) + pa + t + déterminatif
du pain

pꜣ.wt
(p) + pa + t + déterminatif
du pain + *ou*

Une fois encore, attention ! Ce n'est pas parce que le mot se termine par *out* qu'il indique nécessairement le féminin au pluriel. Ainsi, les mots *niout*, « la ville » ou « la cité » et *hout*, « le temple », se terminent par le son out sans être au pluriel :

niwt

ḥwt

Le duel

Cette particularité n'existe pas dans la langue française. Le passage au chiffre deux implique automatiquement le pluriel et rien d'autre.

En égyptien, le duel était marqué par la particule *ouy* de cette manière :

tꜣ

tꜣ.wy

Historiquement, l'Égypte s'est constituée autour de deux royaumes très anciens, l'un au nord, et l'autre au sud, qui ont fini par être unifiés et ont formé la terre des pharaons. Le nom donné à l'Égypte était *Kemet*, mais on la surnommait également « le pays des Deux-Terres ».

Le roi était ainsi couramment désigné par l'épithète royale *nesout bity*, « (Celui du) Roseau (et celui de l') Abeille », le roseau faisant référence au royaume du sud et l'abeille, à celui du nord. On le désignait également par l'expression *neb taouy*, qui signifie « le maître/le seigneur des Deux-Terres ».

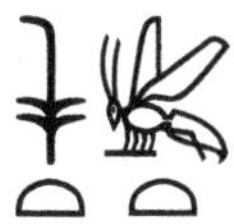

nswt bity

nb tꜣ.wy

Par convention, quand on translittère le mot, on met un point entre le terme et *.ouy* pour marquer le duel au masculin, et on l'écrit *.ty* au féminin.

Ainsi, le pschent, nom grec désignant la double couronne de Basse et de Haute-Égypte, se disait *sekhemty* en égyptien, ce qui signifie « les puissantes » et renvoie au fait que les couronnes n'étaient pas seulement des objets, mais qu'elles étaient également douées de leur propre magie (ce qui explique qu'on les retrouve parfois portées en amulette).

sḫm.ty

sekhem (+ kh + m) + t + y

+ déterminatif de la double couronne

Exercices

1. Translittérez et traduisez ces deux lignes :

....

....

2. Écrivez et translittérez la phrase « Imenemipet dort avec sa perruque. » :

....

....

Leçon n° 12

Les adjectifs

Les adjectifs égyptiens suivent, rappelons-le, la même règle que les noms pour le féminin et le pluriel. On rajoutera donc un *t* final pour féminiser le terme, un *ou* final pour mettre un mot singulier au pluriel et un *out* final pour les mots au féminin et au pluriel.

	*nedjem*	*nd̲m*	doux, agréable
	*nedjemet*	*nd̲m.t*	douce, agréable
	*nedjemou*	*nd̲m.w*	doux, agréables
	*nedjemout*	*nd̲m.wt*	douces, agréables

La seule règle à retenir pour les adjectifs, c'est qu'ils se placent *après* le substantif qu'ils qualifient quand ils sont épithètes.

Ainsi, pour dire « une belle maison », l'Égyptien écrira « une maison belle » :

pr nfr

per (+ r) nefer (+ f + (e) + r)

Tout comme le verbe « avoir » n'existe pas en égyptien, il en est de même pour le verbe « être » dont pourtant, on ne saurait se passer en français !

« Être » n'existe pas, mais il est tout simplement sous-entendu dans les phrases. Par exemple, pour dire « Menna est courageux et fort », l'Égyptien dira : « Menna, courageux et fort ».

Mnnꜣ ḳn ḥnꜥ nḫt

Men (+ n) + a + déterminatif de l'homme *q + (e) + n + déterminatif* de l'homme armé *n + (e) + (nekh) + kh + (e) + t + déterminatif* de l'homme armé

Exercices

1. Complétez la translittération et la traduction de cette peinture :

Ousir, ____

________________ *Mout n meret maât kherou*______________

_________ _________ *aâ.*

« L'Osiris____

______________________________, l'aimée de Mout, juste de voix,

_______ _________ le grand __________. »

Liste des hiéroglyphes

Chaque hiéroglyphe répond à une lettre et un numéro qui permet de le classer et d'identifier la ou les catégories auquel il appartient (une évidence pour certains, une précision inestimable pour bien d'autres !). Par exemple,  répond à l'identification D3 et représente une boucle de cheveux.

A. Les Hommes

 A1. Homme assis *i* Dét. : Homme	 A2. Homme portant la main à la bouche Pas de son Dét. : Manger, parler, boire, penser
 A16. Homme se courbant *kes* Dét. : Se courber	 A19. Homme avec une canne *semessou* Dét. : Vieux, vieillesse
 A17. Enfant assis *khered*, *cheri* ou *nemeh* Dét. : Enfance, jeunesse	 A24. Homme agitant un bâton *nekhet* Dét. : Force, effort, travail
 A40. Dieu assis *i* Dét. : Dieu, roi, royauté	 A50. Homme assis *chepes* Dét. : Mort vénérable
 A55. Momie sur un lit *sedjer* Dét. : Dormir, s'allonger, mort, mourir	 A200. Homme tenant une lance ou pagaie *iaouty* ou *mesenety* Dét. : Piloter, guider

B. Les Femmes

 B1. Femme assise *i* Dét. : Femme	 B2. Femme enceinte assise *iour* ou *beka* Dét. : Grossesse, être enceinte, concevoir

	B3. Femme accouchant *mes* Dét. : Naissance, accoucher		B5. Femme allaitant *menat* Dét. : Allaiter, nourrice

C. Les Divinités

	C2. Râ à tête de faucon *Râ* Dét. : Dieu Râ		C3. Thot *Djehouty* Dét. : Dieu Thot
	C6. Dieu à tête de chien ou de chacal *Inep* ou *Inepou* Dét. : Dieu Anubis		C7. Dieu à tête de Seth *setekh* Dét. : Dieu Seth
	C11. Dieu assis, les bras élevés *Heh* ou *1 000 000* Dét. : Dieu Heh		C10. Maât *Maât* Dét. : Déesse Maât

D. Les Parties du Corps humain

	D1. Tête vue de profil *tep* Dét. : Tête		D2. Tête vue de face *her* Pas de déterminatif
	D3. Boucle de cheveux *seny* ou *ous* Dét. : Cheveux et poils		D4. Œil ouvert *ir* Dét. : Œil, vision, voir
	D21. Bouche ouverte *r* Pas de déterminatif		D22. Bouche avec deux traits *raoui* ou *2/3* Pas de déterminatif
	D23. Bouche avec trois traits *khemet-raou* Pas de déterminatif		D27. Sein *seneq*, *menâi* ou *menedj* Dét. : Sein, allaiter, nourrice, tuteur

	D28. Bras élevés *ka* Pas de déterminatif		D34A. Bras tenant bouclier et massue *âhâ* Pas de déterminatif
	D35. Bras écartés *nen*, *khem* ou *semekh* Dét. : Ignorer		D36. Bras tendu *a* Pas de déterminatif
	D37. Bras tenant un pain *di* Dét. : Donner		D40. Bras tenant un bâton *kha* Dét. : Force, arme
	D42. Bras tendu, paume vers le bas *meh* Pas de déterminatif		D46. Main vue de profil *d* Pas de déterminatif
	D50. Index dressé *djeba* ou *10 000* Dét. : Doigt		D52. Sexe masculin *met* ou *bah* Dét. : Phallus, mâle, copuler
	D53. Phallus éjaculant *met* ou *bah* Dét. : Semence, poison		D54. Jambes marchant *nemet* Dét. : Marcher, avancer
	D58. Jambe droite *b* Pas de déterminatif		D280. Phallus pénétrant un vagin *nek* Dét. : Copuler
	D60. Jambe portant un vase *ouâb* Dét. : Pur, propre		Jambes supportant un bassin d'eau voir N40
	Plaie ouverte voir Aa2.		

E. Les Mammifères

	E1. Vache *ih* Dét. : Bovin, bétail		E2. Taureau *ka* Dét. : Bovin, bétail
	E6A. Cheval *sesemet* Dét. : Cheval, attelage		E7. Âne *aâ* Dét. : Âne
	E9. Faon *iou* Pas de déterminatif		E11. Bélier *ba* ou *khenemou* Dét. : Bélier, mouton
	E12. Porc *reri* Dét. : Porc, cochon		E13. Chat Pas de son Dét. : Chat
	E14C. Lévrier Pas de son Dét. : Chien		E15. Chien ou chacal *inepou* ou *hery-secheta* Dét. : Dieu Anubis
	E23. Lion *rou* Dét. : Lion		E25. Hippopotame *deb* Dét. : Hippopotame
	E26. Éléphant *abou* Dét. : Éléphant		E27. Girafe *ser* ou *memi* Dét. : Girafe, prédire
	E28. Oryx *ma-hedj* Dét. : Oryx, glouton		E29. Gazelle *gehes* Dét. : Gazelle
	E30. Ibex *niaou* Dét. : Ibex		E31. Chèvre *ânkh* Dét. : Chèvre
	E32. Babouin *ky*, *qened* ou *iak* Dét. : Babouin, singe		E34. Lièvre *oun* Dét. : Lièvre
	E103. Antilope Pas de son Dét. : Antilope		E131. Rhinocéros Pas de son Dét. : Rhinocéros

F. Les Parties de Mammifères

	F1. Tête de bœuf *ih* Pas de déterminatif		F4. Partie avant du lion *hat* Pas de déterminatif
	F9. Tête de léopard *peh* Pas de déterminatif		F12. Tête et cou de canidé *ouser* Pas de déterminatif
	F13. Cornes de taureau *oup*, *oupet* ou *ip* Pas de déterminatif		F18. Défense d'éléphant *beh* Dét. : Dent, crier
	F20. Langue de bovin *imy-râ*, *dep*, *mer* ou *nes* Dét. : Langue, action de la langue		F21. Oreille de bovin *sedjem*, *ânkh*, *djeredj*, *iden* ou *mesedjer* Dét. : Écouter
	F23. Cuisse de bœuf *khepech* ou *meskhetiou* Dét. : Patte avant, force, Grande Ourse		F27. Peau de bovin *k* Dét. : Peau, cuir, animal
	F31. Trois renards liés *mes* Pas de déterminatif		F32. Ventre de vache, avec pis et queue *kh* ou *khet* Pas de déterminatif
	F33. Queue animale *ched* Dét. : Queue		F34. Cœur d'animal *ib* Dét. : Cœur
	F35. Cœur et trachée artère *nefer* Pas de déterminatif		F36. Poumon et trachée artère *sema* Pas de déterminatif
	F40. Section de cage thoracique avec colonne vertébrale et moelle s'en échappant *aou* Pas de déterminatif		F46. Intestins *deben*, *pekher*, *qab* ou *oudjeb* Dét. : Intestins, (re)tourner, faire le tour

	F51. Morceau de chair *as*, *ât*, *hâou*, *iou*, *nehebet*, ou *ous* Dét. : Chair, viande, partie du corps		F63. Tête de veau *khenet* Pas de déterminatif

G. Les Oiseaux

	G1. Vautour percnoptère *a* Pas de déterminatif		G4. Busard *tiou* ou *tou* Pas de déterminatif
	G5. Faucon *her* Dét. : Dieu Horus		G14. Vautour *mout* Dét. : Déesses Mout et Nekhbet
	G17. Chouette *m* Pas de déterminatif		G25. Ibis à crête *akh* Pas de déterminatif
	G26. Ibis sur perchoir *djehouty* Dét. : Dieu Thot		G26A. Ibis *djehouty* Dét. : Dieu Thot
	G29. Jabiru *ba* Pas de déterminatif		G31. Héron *benou* Pas de déterminatif
	G34. Autruche *niou* Dét. : Autruche		G36. Hirondelle *our* Dét. : Hirondelle, oiseau
	G37. Moineau *nedjes*, *cheri* ou *bin* Dét. : Petit, mal, souffrance		G38. Oie *aped*, *geb*, *oufa*, *ousef*, *oudef* ou *sa* Dét. : Oie
	G39. Canard *sa* Dét. : Canard		G40. Canard volant *pa* Dét. : Voler, se poser
	G43. Poussin *ou* Pas de déterminatif		G47. Caneton *tcha* Pas de déterminatif

	G54. Oie troussée *senedj* ou *ouchen* Dét. : tordre le cou (à un oiseau)		Voir O10.

H. Les Parties d'Oiseaux

	H1. Tête de canard *aped* ou *maâ* Dét. : Oiseau, cou		H6. Plume *maât* ou *chou* Dét. : Déesse Maât et dieu Chou
	H7. Patte d'oiseau *sa* ou *sat* Pas de déterminatif		H8. Œuf *souhet*, *sa* ou *merout* Dét. : Œuf

I. Les Amphibiens, Reptiles...

	I1. Lézard *âcha* Dét. : Lézard, gecko		I3. Crocodile *it* ou *meseh* Dét. : Crocodile
	I6. Morceau de peau de crocodile *kem* Pas de déterminatif		I8. Grenouille *ouhem-ânkh* ou *100 000* Dét. : Grenouille
	I9. Vipère à cornes *f* Dét. : Père		I10. Cobra *di* Pas de déterminatif
	I12. Cobra dressé Pas de son Dét. : Uræus, déesse Ouadjyt		I13. Cobra sur une corbeille *ouadjyt* Pas de déterminatif
	I14. Serpent ondulant *hefaou* Dét. : Serpent, ver		I64. Cobra furieux, tête redressée Pas de son Dét. : Uræus, déesse-serpent

K. Les Poissons et Parties de Poissons

	K1. Poisson *boulti*, Tilapia du Nil *in* Dét. : Poisson *boulti*		K4. Oxyrhynque *kha* ou *habet* Pas de déterminatif
	K7. Tétrodon Pas de son Dét. : Colère		K13. Silure, poisson-chat *nâr* Dét. : Silure, poisson-chat

L. Les Invertébrés et Petits Animaux

	L1. Scarabée *kheper* Dét. : Scarabée		L2. Abeille *bity* Dét. : Abeille
	L3. Mouche *âfef* Dét. : Mouche		L4. Sauterelle Pas de son Dét. : Sauterelle
	L7. Scorpion *sereqet* Dét. : Scorpion, déesse Serqet		L19. Scorpion *sereqet* Dét. : Déesse Serqet

M. Les Arbres et Plantes

	M1. Arbre *nehet*, *iam*, *im*, *i*, *ima* ou *nebes* Dét. : Arbre		M2. Touffe d'herbe *hen*, *ih* ou *is* Dét. : Plante, fleur, légèreté
	M3. Branche *khet* ou *dja* Dét. : Bois		M4. Branche de palmier *renep*, *renepet* ou *ter* Pas de déterminatif
	M8. Fourré de papyrus *akh* Dét. : Inonder		M9. Lotus ou nénuphar *sechen* Dét. : Nénuphar, lotus

	M12. Plant de lotus *kha* ou *1 000* Pas de déterminatif		M13. Tige de papyrus *ouadj* Pas de déterminatif
	M15. Touffe de papyrus *ha*, *mehou*, *djyt* ou *ouakh* Pas de déterminatif		M17. Roseau fleuri *i* Dét. : Homme, humain
	M20. Fourré de roseaux *sekhet* Dét. : Campagne		M23. Jonc *nesout* ou *sout* Pas de déterminatif
	M26. Jonc *chemâ* Pas de déterminatif		M29. Gousse de caroube *nedjem* Pas de déterminatif
	M33. Trois grains d'orge *it* Dét. : Grains, céréales		M36. Botte de lin *djer* Dét. : Lier, lin
	M43. Treillis sur pergola *irep* ou *seped* Dét. : Vin, vigne, fruits		M44. Épine *seped* Dét. : Épine, pain conique

N. Le Ciel, la Terre et l'Eau

	N1. Ciel *pet* Dét. : Ciel		N2. Ciel d'où pend une corde *gereh* Dét. : Nuit, obscurité
	N5. Soleil *râ* Dét. : Soleil, dieu Râ		N8. Soleil rayonnant *akhou*, *khenememet* ou *pesedj* Dét. : Rayonnement, briller, se lever
	N. 12. Croissant et demi-lune cachée *iâh* Dét. : Lune		N10. Lune en partie visible *pesed* Dét. : Nouvelle Lune

	N11. Croissant de lune *iâh* ou *abed* Dét. : Lune		N14. Étoile *djeba* Dét. : Mois
	N15. Étoile dans un cercle *dat* ou *douat* Dét. : Douat (monde céleste)		N16. Terrain avec 3 grains de sable *ta* Dét. : Terre
	N19. Deux terrains plats *taouy* Dét. : Domaine		N18. Terrain plat *âkhet*, *daiou* ou *iou* Dét. : Pays, contrée
	N21. Parcelle de terre oblique *ideb* ou *oudjeb* Dét. : Terrain		N23. Parcelle de terrain arrosé Pas de son Dét. : Terre
	N24. Terrain arrosé *sepat* Dét. : Nome, région		N25. Trois collines *khaset* Dét. : Désert, pays étranger
	N26. Soleil se levant derrière une colline *dou* Pas de déterminatif		N29. Moitié de colline *q* Pas de déterminatif
	N30. Butte primordiale *iat* Dét. : Butte		N33A. Trois grains de sable Pas de son Dét. : Sable
	N35. Filet d'eau *n* Pas de déterminatif		N35A. Trois filets d'eau *mou* Dét. : Eaux, cours d'eau
	N36. Canal *mer* ou *mi* Dét. : Étendue d'eau		N38. Bassin d'eau *ch* Pas de déterminatif
	N40. Jambes portant un bassin d'eau *chem* Pas de déterminatif		N41. Citerne emplie d'eau *hem*, *bia*, *id* ou *idet* Dét. : Puits, citerne, marécage

O. Les Éléments de Construction et d'Architecture

	O1. Plan de maison *per* Dét. : Tous les bâtiments		O4. Plan d'édifice ? *h* Pas de déterminatif
	O5. Mur en chicane ? *mer*, *mereret* ou *nem* Pas de déterminatif		O6. Plan d'enceinte à porte fortifiée *hout* ou *hetet* Pas de déterminatif
	O9. Corbeille posée sur le temple Pas de son Dét. : Déesse Nephthys		O10. Faucon à l'intérieur du temple *hout-her* Dét. : Déesse Hathor
	O20. Façade de chapelle *iteret* ou *per-nou* Dét. : Chapelle, naos		O24. Pyramide *mer* ou *meher* Dét. : Pyramide
	O24A. Mastaba Pas de son Dét. : Mastaba		O28. Colonne *ioun* Pas de déterminatif
	O29. Piquet de tente *aâ ou a* Pas de déterminatif		O33. Façade de palais Pas de son Dét. : *Serekh*
	O34. Verrou *s* Pas de déterminatif		O36. Enceinte crénelée *ineb* Dét. : Mur, enceinte fortifiée
	O39. Brique ou pavé *iner* Dét. : Pierre, brique, *deben*		O40. Escalier *roud* Dét. : Escalier, terrasse
	O42. Barrière *chesep* Pas de déterminatif		O49. Plan de ville *niout* Dét. : Nom de ville

P. Les Bateaux et Parties de Bateaux

	P1. Bateau avec siège *âhâou, depet* ou *imou* Dét. : Bateau, naviguer vers l'aval		P3. Bateau à voile *djai, dja, nesemet* ou *ouia* Dét. : Naviguer vers l'amont
	P4. Barque de pêcheur portant un filet *ouhâ* Pas de déterminatif		P5. Voile gonflée par le vent *tchaou* Dét. : air, vent, souffle, voile
	P6. Mât *ahâ* Pas de déterminatif		

Q. Le Mobilier domestique et funéraire

	Q1. Trône *set* ou *ous* Pas de déterminatif		Q2. Siège à porteurs *ous* ou *set* Pas de déterminatif
	Q3. Siège *p* Pas de déterminatif		Q6. Sarcophage *qeres* ou *qeresou* Dét. : Sarcophage, tombe
	Q7. Brasier *seref* Dét. Feu, flamme, chaleur, cuisson		Q37. Stèle *oudj* Dét. : Stèle

R. Le Mobilier du Temple et les Emblèmes sacrés

	R4. Pain posé sur une natte *hetep* Pas de déterminatif		R8. Bâton et tissu flottant *netcher* Dét. : Dieu
	R9. R8 auquel est accroché un sac *bed* Dét. : Natron		R14. Bouclier orné d'une plume *imenet* Pas de déterminatif
	R19. Sceptre sacré *ouaset* Pas de déterminatif		

S. Les Couronnes, les Vêtements et les Cannes

	S1. Couronne blanche *hedjet* Dét. : Couronne de Haute-Égypte		S3. Couronne rouge *decheret* ou *n* Dét. : Couronne de Basse-Égypte
	S5. Double couronne *sekhemty* Dét. : Double couronne, pschent		S6. Double couronne posée sur la corbeille (V30) Pas de son Dét. : Double couronne, pschent
	S7. Couronne bleue *kheperech* Dét. : Couronne bleue		S8. Couronne-*atef* *atef* Dét. : Couronne-*atef*
	S12. Collier de perles *nebou* Dét. : Métaux précieux		S18. Collier *ménat* *menit* Dét. : Collier *ménat*
	S19. Sceau fixé à une chaîne *khetem*, *khetemety*, *sedjaou* ou *sedjaouty* Pas de déterminatif		S20. Sceau *khetem*, *khetemety*, *djebat* ou *sedjaouty* Dét. : Sceau, sceller
	S29. Vêtement plié *s* Pas de déterminatif		S33. Sandale *tchebet* Dét. : Sandale
	S34. Courroie de sandale *ânkh* Pas de déterminatif		S38. Sceptre *heqat* *heqa* Pas de déterminatif
	S40. Sceptre *ouas* *ouas* Dét. : Sceptre *ouas*		S42. Sceptre *sekhem* *sekhem*, *âba* ou *kherep* Dét. : Sceptre *sekhem*
	S43. Bâton de marche *med* ou *medou* Pas de déterminatif		S44. Bâton et chasse-mouches *ames* Dét. : Sceptre *ames*
	S45. Chasse-mouches *nekhnekh* Dét. : Chasse-mouches, pouvoir		S57B. *Nemès* *nemes* Dét. : *nemès*

T. La Guerre, la Chasse et la Boucherie

	T3. Massue *hedj* Pas de déterminatif		T9A. Arc en cornes d'oryx et bois *ped, pedjet* ou *pedj* Dét. : Arc
	T11. Flèche *soun, sin, secher* ou *sekher* Dét. : Flèche		T13. Deux pièces de bois nouées *res* Pas de déterminatif
	T14. Bâton de jet *tchehenou, âm, nehesi* ou *qemâ* Dét. : Bâton de jet, jeter, lancer		T16. Cimeterre *khepech* Dét. : Cimeterre
	T17. Char *ourret* Dét. : Char de combat		T18. Stylisation extrême d'un homme en manteau tenant une arme *chemes* Pas de déterminatif
	T20. Tête de harpon en os *gen, qeres, qes, toui* ou *tour* Dét. : Chercher, rechercher		T21. Harpon *ouâ* Pas de déterminatif
	T22. Pointe de flèche *sen* Pas de déterminatif		T25. Flotteur de filet de pêche *djeba* Pas de déterminatif
	T28. Planche en bois du boucher *kher* Pas de déterminatif		T30. Couteau *dem, demet, des* ou *châd* Dét. : Couteau, couper, piquer, aiguiser
	T30A. Autre graphie de T30 *dem, demet, des* ou *châd* Dét. : Couteau, couper, Couteau, aiguiser		T34. Couteau de boucher *nem* Dét. : Couteau de boucher ?
	Voir D34A.		

U. L'Agriculture, l'Artisanat et les Métiers

	U1. Faucille *ma* Dét. : Faucher, moissonner		U6. Houe *mer* Dét. : Houer, piocher, cultiver, creuser
	U7. Autre graphie de U6 *mer* Dét. : Piocher, cultiver		U9. Boisseau d'où s'écoule du grain *bedet* ou *khai* Dét. : Grain, céréales, mesure
	U15. Traîneau *tem* Pas de déterminatif		U17. Pioche creusant un bassin *gereg* Pas de déterminatif
	U19. Herminette *nou* Pas de déterminatif		U23. Ciseau de sculpteur *mer* ou *ab* Pas de déterminatif
	U26. Foret *ouba* Dét. : Ouvrir		U28. Bâton de feu *dja* ou *oudja* Pas de déterminatif
	U32. Pilon et mortier *denes*, *hemat* ou *semen* Dét. : Piler, presser, concasser, lourd		U33. Pilon *ti* Pas de déterminatif
	U38A. Balance Pas de son Dét. : Balance		U39. Colonne de balance *outches*, *outcheset* ou *tches* Dét. : Colonne de balance, dresser, supporter

V. Les Éléments en ficelle et en fibres, Paniers et Sacs

	V1. Corde lovée *100*, *chenet* ou *chet* Dét. : Corde et actions s'y rapportant		V2. Verrou et corde *setcha* ou *as* Pas de déterminatif
	V4. Lasso *oua* Pas de déterminatif		V9. Cadre rond en cordage *senou* Dét. : Cartouche, encercler
	V10. Cartouche *senou* ou *ren* Dét. : Nom royal		V12. Boucle de corde *âreq*, *fekh* ou *chefedou* Dét. : Lier, délier, document écrit
	V13. Lien pour attacher les animaux *tch* Pas de déterminatif		V20. Carcan placé sur les épaules du bœuf *10* Pas de déterminatif
	V22. Fouet *meh* Pas de déterminatif		V28. Corde de lampe tressée *h* Dét. : Chandelle
	V29. Balai de fibres *ouah* Dét. : Balayer, disperser		V30. Corbeille *neb* Dét. : Fête
	V31. Corbeille à anse *k* Pas de déterminatif		

W. Les Vases

	W1. Vase à onguent *bas* Dét : Onguent, huile		W3. Vase à purification *heb* Dét. : Fête
	W9. Vase à anse *khenem* Dét. : Huile à onction		W10. Coupe *henet*, *ab*, *iab*, *sekhou* ou *ousekh* Dét. : Coupe
	W11. Support de jarre *g* Dét. : Trône		W14. Aiguière *hes* Dét. : Aiguière, vase, jarre
	W15. Aiguière d'où coule de l'eau *qebeh* Dét. : Rafraîchir, fraîcheur		W19. Vase à lait porté dans un sac *mi* Dét. : Vase à lait
	W20. Vase à lait *iretch* Dét. : Lait		W21. Deux vases à vin *irep* Dét. : Vin, vase à vin
	W22. Vase à bière *heneqet* Dét. : Bière, boisson, ivresse		W24. Pot *nou* Dét. : Pot, vase
	W70. Cruche avec versoir Pas de son Dét. : Cruche		Jambe portant un vase Voir D60

X. Les Pains et les Gâteaux

	X1. Pain vu de profil *t* Pas de déterminatif		X6. Pain avec empreinte de doigt *pa(ou)* Dét. : Galette de pain
	X8. Pain conique *di* Dét. : Donner		Pain posé sur une natte Voir R4

Y. L'Écriture, les Jeux et la Musique

	Y1. Rouleau de papyrus scellé *medjat* ou *demed* Dét. : Écriture		Y1V. Rouleau de papyrus scellé *medjat* ou *demed* Dét. : Écriture
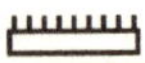	Y5. Jeu du *senet* *men* Dét. : Damier, jeu du *senet*		Y3. Écritoire du scribe *sech* Dét. : Palette de scribe, écriture

Z. Les Traits

	Z1. Trait *ouâ* ou *1* Dét. : Unité		Z2. Trois traits *ou* Dét. : Trois, pluriel
	Z3. Trois traits *ou* Dét. : Trois, pluriel		Z4. Deux traits obliques *y* ou *sen* Dét. : Deux
	Z4A. Deux traits horizontaux *y* ou *sen* Dét. : Deux		Z5. Trait oblique Pas de son Pas de déterminatif
	Z7. Boucle *ou* ou *100* Pas de déterminatif		Z9. Deux bâtons croisés *cheben*, *sedj*, *soua*, *oup*, *our* ou *khebes* Dét. : Casser, endommager, diviser, croiser

Aa. Les Signes Indéterminés

	Aa1. Cercle strié *kh* Pas de déterminatif		Aa2*. Plaie ouverte *chep*, *oukhed* ou *hes* Dét. : Bander, momifier
	Aa5. Deux triangles *hep* ou *hap* Pas de déterminatif		Aa11. Signe indéterminé *ma* Dét. : Estrade
	Aa13. Côte d'animal ? *ges*, *im* ou *m* Dét. : Côte		Aa17. Signe non identifié *sa* Pas de déterminatif
	Aa18. Signe non identifié *sa* Pas de déterminatif		Aa21*. Outil de charpentier *oudjâ* Dét. : Couper, séparer
	Aa28*. Outil de maçon *qed* Pas de déterminatif		Aa32*. Forme archaïque d'un arc *seti* Pas de déterminatif

* Hiéroglyphes indéterminés à l'élaboration de cette classification et identifiés par la suite.

Hiéroglyphes classés par forme

F31	F35	M1	M12	M15	M17	M23
M26	M29	O6	O24	O28	P5	R5
R19	S29	S34	S38	S42	S43	T14
U6	U28	Q7	Q37	V4	V28	W1
W19	X8	Y1v	Z3	Aa21		

D3	M20	M36	N5	N26	N27	N35A
N40	N41	O4	O5	O49	Q3	S6
S18	T28	U9	X1	X6	Y3	W10
W11	W21	W22	W24	W70	Z4	Z7
Aa1	Aa2					

W3	X5	N35	D21	F32	N25
O34	V30	V31	N38	V13	R4
O1	S12	Z2	N1	O39	Y1
N16	M3	Aa15	M33	N33A	P1

Vous voulez vous lancer dans l'écriture informatique de hiéroglyphes ? Rien de plus simple, il suffit de télécharger le logiciel Jsesh https://jsesh.qenherkhopeshef.org/fr réalisé et gracieusement mis en ligne par Serge Rosmorduc.

Vous pouvez également vous rendre sur l'excellent site projet rosette.info pour déchiffrer le vocabulaire.

Pour aller plus loin :

de Spens Renaud, *Leçons pour apprendre les hiéroglyphes égyptiens*, éd. Les Belles Lettres, Paris, 2016.

Grandet Pierre et Mathieu Bernard, *Cours d'égyptien hiéroglyphique*, éd. Khéops, Paris, 1997.

Corrigé des exercices

Page 18 :

1. Il existe au moins trois façons d'écrire *Meritamon* en ligne :

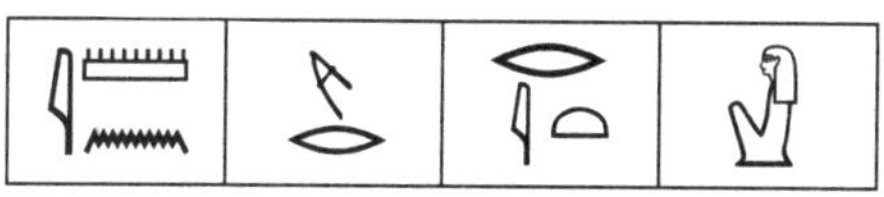

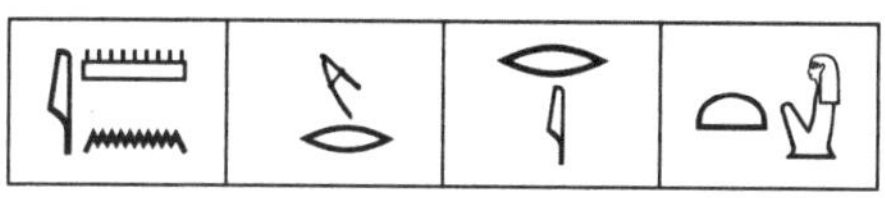

En colonne, en revanche, les possibilités sont plus restreintes et *Meritamon* s'écrit ainsi :

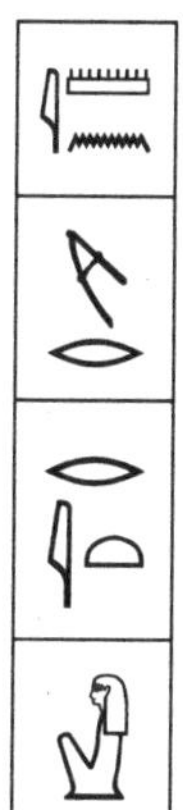

1. Il existe deux façons d'écrire Ounnefer en hiéroglyphes :

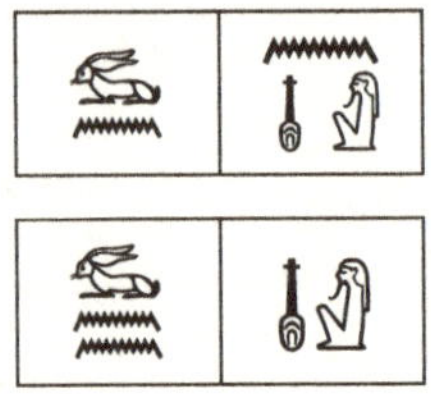

Page 22 :

1. Le changement de sens de lecture se situe entre la première et la deuxième colonnes. On voit que le faucon coiffé du disque solaire à la première colonne est écrit de la droite vers la gauche alors que la vipère à cornes, le cobra et le cormoran sont écrits en sens inverse.

2. Le texte écrit de la droite vers la gauche doit correspondre à ceci :

Page 32 :

1. Ces hiéroglyphes se prononcent :

sesemet

her

sa

h

2. b. Pour les mots en rapport avec un bâtiment, les Égyptiens utilisaient le hiéroglyphe de la maison  comme déterminatif.

3. a.  signifie « scribe »

b.  signifie « écrire »

c.  signifie « la palette du scribe »

4. En égyptien, le mot *tchaou* signifiait « l'air », « le vent » ou encore « le souffle ».

Page 35 :

1. L'ancienne cité d'Edfou était appelée Behedet en égyptien.
2. Le mot *nekhet* se décompose ainsi : *n + (e) + (nekh) + kh + (e) + t + déterminatif* de la force.
3. La prononciation de  est *ounnefer*.

Page 39 :

1. Le *iou* se trouve en bas de la troisième colonne :

2. La translittération et la traduction de la première colonne de cette peinture donnent :

Djed medou in Inepou. (Ḏd mdw in Ỉnpw).

« Paroles dites par Anubis [Version grecque d'Inepou]. »

Page 43 :

1. Voici la traduction des quatre cartouches :

Aâ-kheper-ou-Râ
(Amenhotep II)

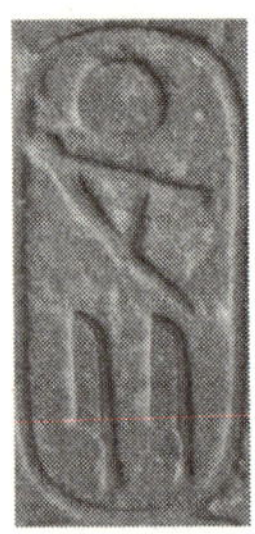

Mer-y-Râ
(Pépi Ier)

Kheper-ka-Râ
(Sésostris Ier)

Khâ-kheper-Râ
(Sésostris II)

Page 53 :

1. « Les dieux sont parmi nous » se prononce ainsi en égyptien : *Iou netcherou m-m ten* (*Ỉw nṯrw m-m tn*) et s'écrit ainsi de droite vers la gauche :

Pour « les dieux », se référer à la page 55 pour les autres écritures possibles du terme.

2. « Le roi de Haute et de Basse-Égypte gouverne les Deux-Terres » s'écrit et se translittère ainsi :

Nesout bity heqa taouy (*Nsw.t bỉty ḥḳ3 t3.wy*)

3. Cette phrase se translittère et se traduit :

Sedjem.ten serout.ef (*Sḏm.tn srwt.f*)
« Nous écoutons sa prophétie (à lui). »

Page 59 :

1. Ces deux lignes se translittèrent et se traduisent ainsi :
Nesout bity sa Râ Menetchouhetep (*Nswt bỉty s3 Rʿ Mnṯwḥtp*)
(Le roi de Haute et de Basse-Égypte, le fils de Râ, Menetchouhetep = Montouhotep).

2. En égyptien ancien, la phrase « Imenemipet dort avec sa perruque » s'écrit et se translittère :

Imenemipet sedjer henâ bebou.ef
Ỉmnmipt sḏr ḥnʿ bbw.f

Page 61 :

Ces quatre colonnes se translittèrent et se traduisent ainsi :

Ousir nesout hem.et our.et nebet ta.ouy Neferitery Mout n mer.et maât kherou kher Ousir, netcher aâ.

Wsir nswt ḥm.t wr.t nb.t tꜣ.wy Nfritry Mwt n mr.t mꜥꜣ.t ḫrw Wsir nṯr ꜥꜣ.

« L'Osiris, la Grande Épouse royale, Neferitery (Nefertary), l'aimée de Mout, juste de voix, auprès d'Osiris, le grand dieu. »

Au Nouvel Empire, les défunts qui réussissaient à prouver au dieu des Morts et aux quarante-deux juges qu'ils s'étaient bien conduits sur terre devenaient « justes de voix » et des nouveaux « Osiris », susceptibles d'être ressuscités dans l'au-delà pour y vivre une seconde et éternelle existence.

Achevé d'imprimer en Italie
par Grafica Veneta en janvier 2023
Dépôt légal juin 2022
EAN 9782290374757
OTP L21ELLN001152-594388-R1

—

Composition : PCA

—

ÉDITIONS J'AI LU
82, rue Saint-Lazare
75009 Paris
Diffusion France et étranger : Flammarion

Librio

1325